JN444964

보육교사를 위한

# 6주 보육실습 개정판

이 책은 저작권법에 따라 보호받는 저작물이므로 무단전재와 무단복제를 금지하며, 이 책 내용의 전부 또는 일부를 이용하려면 반드시 저작권자와 동문사의 서면동의를 받아야 합니다. 무단전재나 무단복제 행위는 저작권법 제136조(벌칙)에 의거, 5년 이하의 징역 또는 5천만 원 이하의 벌금에 처하거나 이를 병과할 수 있습니다.

# 6주 보육교사를 위한 보육실습

한혜경·박부숙·백지숙·박윤조 공저

개정판

PRACTICUM IN CHILDCARE

동문사

보육실습은 보육교사로서 갖추어야 할 인성, 자질은 물론 지식, 기술, 태도 등 보육의 전문성을 갖추기 위한 필수과정으로 6주 240시간 동안 보육현장에서 진행된다. 보육교사가 되고자 하는 예비교사가 그동안 교육기관에서 배운 이론적 지식과 역량을 어린이집 현장에 적용하고 실행하는 마지막 관문이라는 점에서 매우 의미 있는 과정이라 할 수 있다.

보육실습 과목을 지도하면서 500곳이 넘는 어린이집을 방문하고 실습생을 비롯하여 수많은 영유아, 원장, 지도교사 등을 마주하였다. 그러나 시간이 지날수록 실습 과정의 어려움과 문제점이 가중됨을 느껴왔다. 실습생은 보육실습에 필요한 여러 교과목을 다루었지만 무엇을 어떻게 현장에 적용해야 하는지 잘 몰랐으며, 실습기관마다 상이한 운영으로 혼란스러워 했다. 새로운 보육환경에 대한 적응과 예비교사로서의 역할을 동시에 수행해야 하는 상황에서 '어떻게 하면 그들에게 힘이 되고 지원군이 될 수 있을까?' 라는 생각으로 본서의 집필을 시작했다. 본서에서는 보육실습 과정에서 가장 필요로 하는 부분을 간략하게 정리하고, 보육실습 평가회나 간담회를 통해서 실습생이 느꼈던 어려움을 실제 부분에 최대한 담으려고 노력하였다.

본 교재는 2020년 새롭게 편성된 '제4차 표준보육과정(개정 누리과정)'과 '2020년 보육교사 2급 자격취득 교과목 표준교과개요'를 바탕으로 구성하였다. 따라서 보육실습생은 실습기간 동안 보육실습을 통해 아동권리 존중

# 머리말

을 기본으로 영유아의 놀이가 갖는 교육적 의미를 이해하고 놀이 흐름에 따른 보육교사의 역할에 대해 배우고 익히는 시간을 가져야 한다. 이를 위하여 1장 보육실습의 기초에서는 실습에 구체적으로 도움이 될 내용과 준비해야 할 것을 다루었다. 2장 보육실습 6주 현장의 이해에서는 보육현장인 어린이집과 영유아에 대한 기초적인 내용과 보육실습에 필요한 문서실무를 다루었다. 3장 보육실습의 평가와 관리에서는 보육실습이 끝난 후에 보육실습생의 평가를 통해서 영유아 및 보육에 대한 실천적 관점을 형성하도록 하는 내용과 보육실습 평가회를 통해서 전문성을 갖춘 교사로 성장하도록 제시하였다.

이 책을 통해서 예비보육교사로서 마지막 관문인 보육실습을 행복하게 마치기 바라며, 보육실습생을 지도하는 지도교사에게도 유용한 자료가 되기를 바란다. 아울러 기획에서 출판까지 아낌없는 격려와 지원을 해 주신 동문사 관계자분께도 감사의 말씀을 전한다.

2021년 7월

저자 일동

# Contents

# 차 례

Contents

# 차 례

Contents

01

# 보육실습의 기초

# 1 ▸ 보육실습의 개요

## 1) 보육실습의 개념

보육실습이란 향후 어린이집 교사 자격증을 받고 교사가 되고자 준비하는 학생이 어린이집 현장에서 예비보육교사의 역할을 직접 경험해 보는 과정이다(한국보육진흥원, 2013). 보육실습은 국가가 발급하는 '보육교사 자격증'을 취득하기 위해 필수적일 뿐 아니라 양성교육기관에서 배운 이론과 지식을 현장에서 실제 적용해 보는 핵심적 과정이기도 하다.

## 2) 보육실습의 목적

보육교사가 되기 위한 필수과정인 보육실습을 통해 예비보육교사는 양성교육기관에서 배운 이론과 지식을 현장에서 실제 적용해 보며 보육교사의 역할을 직접 경험하고 실습의 중요성 및 필요성을 인식하여 보육교사로서의 준비를 철저히 해야 한다.

보육실습의 목표를 구체적으로 정리하면 다음과 같다(한국보육진흥원, 2013).

- 보육의 철학과 목적 및 목표에 대한 생각을 발전시킨다.
- 실제 경험을 토대로 영유아에 대한 심화된 이해를 한다.
- 연령과 발달 수준에 적합한 구체적인 보육내용, 놀이 중심의 상호작용, 영유아의 흥미를 고려한 효과적인 교수법 등을 관찰하고 직접 수행해 본다.
- 실습기관 실내외의 환경 구성 및 자료의 적절한 활용을 경험한다.

- 보육교사의 전문적 역할과 책임, 태도를 직접 경험한다.
- 보육실습생 스스로 보육교사로서의 자질을 파악하고, 전문성을 향상시키기 위한 노력을 하며 향후 진로를 탐색한다.
- 보육실습기관과 지역사회, 부모 간 연계를 경험하고, 어린이집 내 조직문화 등을 이해한다.

### 3) 보육실습의 의의

예비보육교사에게 보육실습이 갖는 의의는 다음과 같다(한국보육진흥원, 2013).

① 이론 중심으로 배웠던 지식을 보육현장에 실제 적용해 보면서 실천적 지식을 습득하고, 영유아에 대한 이해를 향상시키는 기회를 갖는다.

② 보육계획이 어떻게 이루어지고, 융통적으로 운영되며, 보육실 내외에서 영유아의 놀이가 어떻게 확장되고, 활동과 자료가 흥미와 발달에 적합하게 운영되는가를 직접 관찰하여 교사의 전문적인 역할과 상호작용법을 배울 수 있는 기회를 갖는다.

③ 실습생이 직접 보육활동을 계획하고 실시해 봄으로써 바람직한 일과운영을 익히고 효과적인 교수학습방법을 이해하는 기회를 갖는다.

④ 어린이집 교사의 역할에 대해 현실적으로 이해하고 보육교사로서 자신의 능력과 자질을 평가해 보는 기회를 갖는다.

⑤ 어린이집 원장, 보육교사 및 부모 등의 다양한 관점과 요구 등을 관찰하고, 지역사회에서 어린이집의 역할과 기능에 대해 생각해 보는 기회를 갖는다.

⑥ 영유아에게 영향을 미치는 좀 더 넓은 관점인 사회 현상, 보육정책, 부모교육 등과 영유아에 대한 심도 있는 연구 결과들에 관심을 가질 수 있다.

⑦ 어린이집에서 6주간의 보육실습을 성공적으로 끝냈다는 자신감은 향후 새롭게 시도할 다양한 경험에 대한 도전 정신과 긍정적 태도를 줄 수 있다.

## 2 보육실습의 법적 기준

보육교사의 인성과 자질을 향상시켜 전문성을 강화하기 위한 정책의 일환으로 보육교사의 자격기준이 강화되었다. 사이버교육을 통해 보육교사 자격을 취득함으로써 발생하는 여러 가지 부작용을 해소하고자 2017년 1월 이후 입학생 혹은 보육실습을 시작하게 되는 경우, 기존의 4주 160시간에서 6주 240시간으로 확대 강화된 실습기간이 적용되는 등 보육교사 자격증 취득조건이 개정되었다. 또한 교과목에 대한 내용변경과 함께, 평가인증을 받고 유지하고 있는 어린이집에서만 실습이 가능하도록 내용이 개정되었다.

대면교육 및 현장실습 강화를 주된 골자로 하는 보육교사 자격기준 변경에 대한 내용이 「영유아보육법 시행규칙」 개정(2016.1.12. 공포, 2016.8.1. 시행, 보건복지부령 제392호) 제12조제1항 관련[별표 4]와 제12조제2항 관련[별표 5]에 담겨 있다.

## 1) 보육실습 교과목 및 학점

「영유아보육법 시행규칙」 개정(2016.1.12. 공포, 2016.8.1. 시행, 보건복지부령 제392호) 제12조제1항 관련[별표 4]에 제시된 사항을 참고하고 교육훈련시설의 경우 제12조제2항 관련[별표 5]에 제시된 사항을 참고한다.

**[별표 4]**

보육 관련 교과목 및 학점(제12조제1항 관련)

1. 대학 등에서 이수하여야 할 교과목 및 학점 일반

| 영 역 | | 교과목 | 이수과목(학점) |
|---|---|---|---|
| 가. 교사 인성 | | 보육교사(인성)론, 아동권리와 복지 | 2과목(6학점) |
| 나. 보육 지식과 기술 | 필수 | 보육학개론, 보육 과정, 영유아 발달, 영유아 교수방법론, 놀이지도, 언어지도, 아동음악(또는 아동동작, 아동미술), 아동수학지도(또는 아동과학지도), 아동안전관리(또는 아동생활지도) | 9과목(27학점) |
| | 선택 | 아동건강교육, 영유아 사회정서지도, 아동문학교육, 아동상담론, 장애아 지도, 특수아동 이해, 어린이집 운영 관리, 영유아 보육프로그램 개발과 평가, 보육정책론, 정신건강론, 인간행동과 사회환경, 아동간호학, 아동영양학, 부모교육론, 가족복지론, 가족관계론, 지역사회복지론 | 4과목(12학점) 이상 |
| 다. 보육 실무 | | 아동관찰 및 행동연구, 보육실습 | 2과목(6학점) |

※ 비고

1. 교과목의 명칭이 서로 다르더라도 교과목의 내용이 비슷하면 같은 교과목으로 인정하고, 다목의 교과목 중 보육실습은 교과목 명칭과 관계없이 보육실습기관과 보육실습기간의 조건을 충족하면 보육실습으로 인정한다.
2. 각 교과목은 3학점을 기준으로 하되, 최소 2학점이어야 한다.
3. 17과목 이상, 51학점 이상 이수하여야 한다.

2. 대면 교과목

| 영 역 | 교과목 |
|---|---|
| 가. 교사 인성 | 보육교사(인성)론, 아동권리와 복지 |
| 나. 보육 지식과 기술 | 놀이지도, 언어지도, 아동음악(또는 아동동작, 아동미술), 아동수학지도(또는 아동과학지도), 아동안전관리(또는 아동생활지도) |
| 다. 보육 실무 | 아동관찰 및 행동연구, 보육실습 |

※ 비고

1. 대면 교과목은 8시간 이상 출석 수업과 1회 이상 출석 시험을 실시한다.
2. 보육실습에 관한 기준은 다음 각 항목에 따른다.
   가. 보육실습은 이론수업과 보육현장실습으로 운영한다.
   나. 보육현장실습은 6주 이상 240시간 이상을 원칙으로 하되, 2회에 나누어 실시할 수 있다.
   다. 보육교사의 자격을 취득하려는 사람이 보육실습을 신청하는 때에 법적으로 인가받은 정원 15명 이상으로 평가인증을 유지하는 어린이집 또는 교육 과정과 방과후 과정을 운영하는 유치원에서 보육교사 1급 또는 유치원 정교사 1급 자격을 가진 교사가 보육실습을 지도하여야 한다. 이 경우 실습지도교사 1명당 보육실습생은 3명 이하로 한다.
   라. 보육실습은 평일 오전 9시부터 오후 7시 사이에 한 경우에만 인정하며, 보육실습시간은 하루 8시간을 초과할 수 없다.
   마. 보육실습의 평가는 보건복지부장관이 정하는 보육실습일지와 보육실습 평가서에 근거하여 하되, 평가점수가 80점 이상인 경우에만 보육실습을 이수한 것으로 인정한다.

**[별표 5]**

교육훈련시설의 교육과정(제12조제2항 관련)

| 영 역 | 교과목(학점) | 이수과목(학점) |
|---|---|---|
| 가. 교사 인성 | 보육교사(인성)론(3학점), 아동권리와 복지(3학점) | 2과목(6학점) |
| 나. 보육 지식과 기술 | 보육학개론(3학점), 보육 과정(3학점), 영유아 발달 및 지도(3학점), 아동생활지도(3학점), 영유아 문제행동지도 및 상담(3학점), 특수아동 이해와 지도(3학점), 놀이지도(3학점), 언어지도(3학점), 아동음악과 동작(3학점), 아동미술지도(3학점), 아동수학지도·아동과학지도(3학점), 영유아 교수방법론(3학점), 교재·교구개발(3학점), 부모교육(3학점), 영유아 건강지도(2학점), 영유아 영양지도(2학점), 아동안전관리(3학점), 어린이집 운영관리(3학점) | 18과목(52학점) |
| 다. 보육 실무 | 아동관찰 및 실습(3학점), 보육실습(4학점) | 2과목(7학점) |

※ 비고

1. 각 교과목당 평가점수가 70점 이상인 경우에만 이수한 것으로 인정한다.
2. 학점당 시간은 15시간을 기준으로 한다.
3. 보육실습은 별표 4 비고 제2호에 따른 보육실습에 관한 기준을 준용한다.
4. 22과목 이상, 65학점 이상 이수하여야 한다.

## 2) 보육실습 세부기준

보육실습은 「보육실습」 교과목이 개설된 학기 중(직전 및 직후 방학 포함)에 반드시 실시해야 하며, 학점에 따라 「보육실습」 교과목의 강의시간을 할당하여 현장실습과 이론수업으로 교과목 내용을 구성해야 한다.

보육실습기간은 기존 4주 160시간에서 6주 240시간으로 확대되었으며, 연속으로(월요일~금요일) 1일 8시간 동안 해야 하는 것이 원칙이다. 이때, 평일 오전 9시부터 오후 7시 사이 어린이집 운영시간 중에 실습을 해야

실습시간으로 인정된다. 또한 실습을 지도하는 교사 1명이 보육실습생을 3명까지 지도할 수 있으므로 기관에서 실습생을 여러 명 수락할 경우 실습지도교사의 자격(보육교사 1급 또는 유치원정교사 1급)을 확인하여 실습인정을 받지 못하게 되는 상황이 발생하지 않도록 유의해야 한다.

이에 대한 세부기준은 다음과 같다.

#### ▸▸ 적용대상

- 2017.1.1. 이후 대학 등을 입학한 사람
  ※ 단, 2017.1.1. 전 입학한 사람이라도 2017.1.1. 이후 보육실습 이수를 시작하는 경우, 개정 기준에 따라야 함.
- 2018.1.1. 이후 학점인정 기관(고등교육법 외의 법률에 따른 대학 포함) 등에서 전문학사 학위 이상을 취득하는 사람
  ※ 단, 2018.1.1. 이후 전문학사 이상을 취득하는 사람이라도 2017.3.1. 전에 보육실습 교과목을 이수 완료한 경우에는 종전 기준에 따름.

| 구 분 | 기 준 |
|---|---|
| 실습 운영 | 이론수업과 보육 현장실습으로 운영 |
| 실습 기간 | 6주 240시간<br>※ 2회에 나누어 이수 가능 |
| 실습기관 | • 정원 15명 이상으로 평가인증을 유지하는 어린이집<br>• 방과후 과정을 운영하는 유치원 |
| 실습지도교사 | • 보육교사 1급 또는 유치원 정교사 1급<br>• 실습지도교사 1명당 보육실습 3명 이내 지도 |
| 실습 인정시간 | • 연속하여 평일(월요일~금요일) 오전 9시~오후 7시에 실습한 경우에만 인정<br>※ 실습시간은 하루에 8시간을 초과할 수 없음 |
| 실습의 평가 | • 보육실습일지와 실습평가서 작성<br>• 평가점수 80점 이상<br>(실습기관평가 80점 이상, 보육실습 교과목 80점 이상 동시에 충족해야 함) |

### 3) 보육실습생 등록방법 및 보육실습확인서 제출

보육실습기관에서는 2013년 3월 1일부터 「어린이집지원시스템」을 통해 보육실습생 등록 및 관리를 하도록 되어 있으며, 보육실습기관에서 등록한 정보는 자격취득을 위한 정보로 「자격관리시스템」에 전송된다. 더불어 보육실습확인서는 「어린이집지원시스템」에서 출력하여 어린이집 직인 날인 후 보육실습생이 속해 있는 대학 혹은 양성교육기관으로 송부하도록 한다. 보육실습생 등록 및 수정은 실습 종료일 이후 2개월 이내에만 가능하므로 이 점을 유의해야 한다.

보육실습생 등록방법 및 보육실습확인서 제출방법은 다음과 같다.

**▸▸ 보육실습생 등록방법**

어린이집지원시스템 → [자격관리] → [보육실습생 관리] → [등록] 버튼 클릭(실습기관 및 실습이수자 기본사항, 실습기간 등 입력) → [저장] 보육실습생 정보 저장 완료

※ 실습이수자 기본사항 및 실습기간 등을 입력 완료해야만 실습지도교사 관련 사항 입력 가능

**▸▸ 실습지도교사 등록방법**

지도교사 성명과 자격종류(자동연동)를 선택 후 자격번호 입력 → [저장] 보육실습생 및 지도교사 정보 저장 완료

※ 보육실습을 지도한 학생이 1명 이상일 경우 [추가] 버튼 클릭

**▸▸ 보육실습확인서 제출방법**

어린이집지원시스템 → [자격관리] → [보육실습생관리] → 대상자 조회 후 [선택] → [제출] 버튼 클릭(메시지 창 확인) → [확인] 버튼 클릭 (제출완료)

※ 주의: 야간대학, 한국방송통신대학, 원격대학에서 2회로 나누어서 실습한 경우에는 보육실습생 등록 및 제출을 각각 해야 함. 제출된 내용은 자격취득을 위한 정보로 전송되므로 제출 이후에는 수정 불가(단, 부득이하게 수정사항이 발생할 경우 실습기관과 양성기관 또는 대학의 직인으로 수정함.)

**▸▸ 보육실습확인서 제출여부**

어린이집지원시스템 → [자격관리] → [보육실습생관리] → 보육실습생 관리화면에서 제출 완료된 보육실습생 정보는 제출 여부 [미제출] → [제출]로 변경됨.

## 3 ▸ 보육실습의 진행

「영유아보육법 시행규칙」 개정(2016년 1.12공포, 보건복지부령 제392호)에 따라 보육실습이 6주 240시간으로 확대되면서 기존 연속하여 1회로 실시하던 것을 2회로 분리하여 실시할 수 있게 되었다. 이를 위해 보육실습생은 실습기관을 정할 때 반드시 평가인증기관이어야 하며, 평가인증을 유지하고 있는 기관에서 실습이 진행될 수 있도록 해야 한다. 이에 대한 자세한 사항은 다음과 같다.

### 1) 보육실습기관 선정

① 임신육아종합포털 아이사랑 홈페이지(http://www.childcare.go.kr)에서 어린이집을 클릭한다.

② 어린이집 찾기를 클릭한다.

③ 실습생이 실습을 원하는 지역 및 어린이집 유형 등 기본 사항을 선택한 후 검색을 클릭한다.

④ [그림 1-1]과 같이 인증유형 항목에서 평가인증 유무와 평가인증을 유지하고 있는 어린이집인지 확인한다.

⑤ 원아 정원이 15명 이상이어야 한다.

| 그림 1-1 | 아이사랑 홈페이지

2회로 나누어 두 기관에서 실습을 하는 경우에는 두 기관 모두 실습기관의 요건을 갖추고 있어야 하며, 실습관련 서류 및 행정절차 모두 두 기관에서 받아야 하므로 이에 대한 주의가 요구된다.

## 2) 보육실습의 운영 모형 및 내용

보육실습기간이 6주 240시간으로 확대됨에 따라 연속형 이외에 분리형도 가능하므로 보건복지부·한국보육진흥원의 보육교사 2급 자격취득 교과목 표준교과개요(2020)에서 제시한 운영 모형 사례를 참고하여 실습이 진행될 수 있도록 한다.

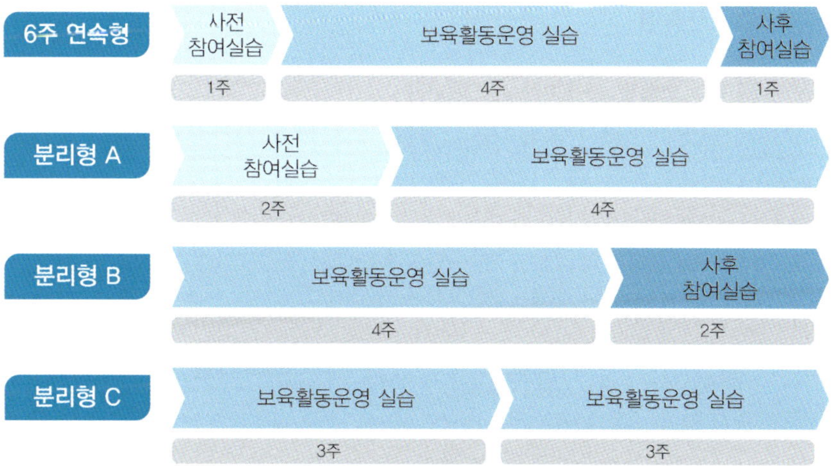


| 그림 1-2 | 보육현장실습 운영 모형(안)

[그림 1-2]의 모형을 바탕으로 한 각 유형별 보육현장실습 예시안은 다음과 같다.

### ① 6주 연속형

| 표 1-1 | 6주 연속형 보육현장실습 예시안

<table>
<tr><th colspan="2">주</th><th>1일차</th><th>2일차</th><th>3일차</th><th>4일차</th><th>5일차</th></tr>
<tr><td colspan="2">사전 방문과 교육</td><td colspan="5">• 사전 방문하여 실습 오리엔테이션을 실시함<br>• 보육실습 일정과 내용, 준비물, 준비 서류 및 기타 유의사항 협의</td></tr>
<tr><td>사전 참여 실습</td><td>1주</td><td colspan="5">• 어린이집의 운영 철학 및 서비스 등의 특징 파악<br>• 어린이집 보육교직원들과 친밀감 형성<br>• 모든 연령의 반 참여 관찰: 일과운영, 보육환경, 영유아-교사 상호작용 등(영아반과 유아반 고르게 경험, 실습기관의 지침에 따라 순서는 융통성 있게 운영)<br>• 실습일지 작성과 지도교사의 평가</td></tr>
<tr><td rowspan="6">보육 활동 운영 실습</td><td rowspan="2">2주</td><td colspan="5">• 실습반 영유아와 친밀감 형성하기<br>• 보육실습생으로서의 역할 수행</td></tr>
<tr><td colspan="2">• 실습반 관찰(일과운영, 보육환경, 영유아-교사 상호작용 등)</td><td colspan="3">• (일과운영, 영유아 관찰, 교사역할 관찰을 통해) 일상생활 지원 계획하기<br>• (놀이관찰을 통해) 놀이지원 계획하기</td></tr>
<tr><td>3주</td><td colspan="5">• 일상생활지원 실습하기<br>• 놀이지원 실습하기<br>• 자기평가 및 지도교사 평가<br>• 유아반: (놀이관찰을 통해) 활동지원 계획하기</td></tr>
<tr><td>4주</td><td colspan="5">• 일상생활지원 실습하기<br>• 놀이지원 실습하기<br>• 유아반: 활동지원 실습하기<br>• 반일보육 계획 협의 및 평가<br>• 자기평가 및 지도교사 평가</td></tr>
<tr><td>5주</td><td colspan="5">• 반일보육 운영하기<br>• 종일보육 계획 협의 및 평가<br>• 종일보육 운영하기<br>• 자기평가 및 지도교사 평가</td></tr>
<tr></tr>
<tr><td>사후 참여 실습</td><td>6주</td><td colspan="3">• 참여 관찰<br>• 실습교사 역할 수행하기<br>• 실습 일지 작성 및 참관 경험에 대한 저널 작성하기</td><td>최종 어린이집 실습 평가회 (원장, 지도교사 등의 참여)</td><td>실습일지 및 기타 실습 관련 서류 제출</td></tr>
</table>

## ② 분리형 A

이 유형은 본 실습 시작 전 2주간의 사전 참여 실습 진행 후 4주간의 본 실습 진행을 하는 형태를 말한다. 보육실습 기간 동안 실습생은 모든 연령의 반에 참여하여 관찰을 진행하며 일과운영의 흐름과 보육교사의 역할을 배운다. 이때 사전실습을 진행하는 반의 연령은 융통성 있게 변화를 주어도 무방하다. 예를 들어, 0세반에서 2일, 1세반에서 3일, 2세반에서 2일을 참여관찰이 가능하다. 또한 본 실습이 진행되는 4주 동안 점차적으로 영유아 지도 및 활동의 참여도가 증가하게 된다. 예를 들어, 1일차는 한 영역에서의 놀이 활동 진행, 2일차는 반일반 지도, 3일차는 종일반 지도 등 점차적으로 활동과 지도 범위가 확대될 것이다. 보건복지부·한국보육진흥원(2020)에서 제시한 예시는 다음과 같다.

| 표 1-2 | 분리형 A 보육현장실습 예시안

<table>
<tr><th colspan="2">주</th><th>1일차</th><th>2일차</th><th>3일차</th><th>4일차</th><th>5일차</th></tr>
<tr><td colspan="2">사전 방문과 교육</td><td colspan="5">• 사전 방문하여 실습 오리엔테이션을 실시함<br>• 보육실습 일정과 내용, 준비물, 준비 서류 및 기타 유의사항 협의</td></tr>
<tr><td rowspan="2">사전 참여 실습</td><td>1주</td><td colspan="5">• 어린이집의 운영 철학 및 서비스 등의 특징을 파악하기<br>• 어린이집 보육교직원들과 친밀감 형성하기<br>• 모든 연령의 반에 참여 관찰(일과운영, 보육환경, 영유아-교사 상호작용 등)<br>• 보조교사로서의 역할 수행하기<br>• 실습일지 작성 및 참관 경험에 대한 저널 작성하기</td></tr>
<tr><td>2주</td><td colspan="5">• 보육활동운영 실습반의 관찰(일과운영, 보육환경, 영유아-교사 상호작용 등)<br>• 보육실습교사 역할 수행<br>• 실습반의 영유아와 친밀감 형성하기<br>• 실습일지 작성 및 지도교사 평가</td></tr>
</table>

| | | |
|---|---|---|
| 보육 활동 운영 실습 | 3주 | • (일과운영, 영유아 관찰, 교사역할 관찰을 통해) 일상생활지원 계획하기<br>• 일상생활지원 실습하기<br>• (놀이관찰을 통해) 놀이지원 계획하기<br>• 자기평가 및 지도교사 평가 |
| | 4주 | • 놀이지원 실습하기<br>• 유아반: (놀이관찰을 통해) 활동지원 계획하기<br>• 유아반: 활동지원 실습하기<br>• 자기평가 및 지도교사 평가 |
| | 5주 | • 반일보육 계획 협의 및 평가<br>• 반일보육 운영하기<br>• 종일보육 계획 협의 및 평가<br>• 자기평가 및 지도교사 평가 |
| | 6주 | • 종일보육 운영하기<br>• 자기평가 및 지도교사 평가<br>• 최종 어린이집 실습 평가회<br>• 실습일지 및 기타 실습관련 서류 제출 |

### ③ 분리형 B

본 유형은 4주 본 실습을 진행한 후 2주간의 사후 참여 실습을 진행하는 형태이다. 보육실습생은 4주간 본 실습을 충실하게 이행한 후 2주간 실습한 연령의 반을 제외한 모든 연령의 반에 참여관찰을 하는 유형이다. 예를 들어, 만 2세반에서 4주간 본 실습을 진행한 후 0세반에서 1주, 1세반에서 1주와 같이 참여 실습을 진행하는 것이다.

보건복지부·한국보육진흥원(2020)에서 제시한 예시는 다음과 같다.

**| 표 1-3 | 분리형 B 보육현장실습 예시안**

| 주 | | 1일차 | 2일차 | 3일차 | 4일차 | 5일차 |
|---|---|---|---|---|---|---|
| 사전 방문과 교육 | | • 사전 방문하여 사전 교육을 실시함<br>• 보육실습 일정과 내용, 준비물, 준비 서류 및 기타 유의사항 협의 | | | | |
| 보육 활동 운영 실습 | 1주 | • 실습반 관찰(일과운영, 보육환경, 영유아-교사 상호작용 등)<br>• 실습반의 영유아와 친밀감 형성하기<br>• 보조교사 역할 수행<br>• 어린이집의 운영 철학 및 서비스 등의 특징을 파악하기<br>• 어린이집 보육교직원들과 친밀감 형성하기<br>• 실습일지 작성 및 지도교사 평가 | | | | |
| | 2주 | • (일과운영, 영유아 관찰, 교사역할 관찰을 통해) 일상생활 지원 계획하기<br>• 일상생활지원 실습하기<br>• (놀이관찰을 통해) 놀이지원 계획하기<br>• 자기평가 및 지도교사 평가 | | | | |
| | 3주 | • 놀이지원 실습하기<br>• 유아반: (놀이관찰을 통해) 활동지원 계획하기<br>• 유아반: 활동지원 실습하기<br>• 자기평가 및 지도교사 평가 | | | | |
| | 4주 | • 반일보육 계획 협의 및 평가<br>• 반일보육 운영하기<br>• 종일보육 계획 협의 및 평가<br>• 종일보육 운영하기<br>• 자기평가 및 지도교사 평가 | | | | |
| 사후 참여 실습 | 5주 | • 참여 관찰(일과운영, 보육환경, 영유아-교사 상호작용 등)<br>• 보조교사 역할 수행하기<br>• 실습일지 작성 및 참관 경험에 대한 저널 작성 및 지도교사 평가 | | | | |
| | 6주 | • 자기평가 및 지도교사 평가<br>• 최종 어린이집 실습 평가회<br>• 실습일지 및 기타 실습관련 서류 제출 | | | | |

### ④ 분리형 C

본 유형은 보육활동운영 실습을 분리 운영하는 것으로 본 실습을 3주씩 나누어 실시하는 유형이다. 두 개의 실습기관에서 실습을 실시하는 경우 3주는 A기관에서 3주는 B기관에서 실시할 수 있는 방법이다. 이때 3주 중 1주는 참여관찰과 보육활동 운영 계획을 주로 하며, 2주와 3주차에는 실제 보육활동을 운영해 볼 수 있다. 예를 들어 3세 이상의 유아반에서 3주간 본 실습을 진행한 후, 영아반에서 3주간 보육활동운영 실습을 진행할 수 있다.

보건복지부·한국보육진흥원(2020)에서 제시한 예시는 다음과 같다.

**| 표 1-4 | 분리형 C 보육현장실습 예시안**

<table>
<tr><th colspan="2">주</th><th>1일차</th><th>2일차</th><th>3일차</th><th>4일차</th><th>5일차</th></tr>
<tr><td colspan="2">사전 방문과 교육</td><td colspan="5">• 사전 방문하여 실습 오리엔테이션을 실시함<br>• 보육실습 일정과 내용, 준비물, 준비 서류 및 기타 유의사항 협의</td></tr>
<tr><td rowspan="3">보육 활동 운영 실습 Ⅰ</td><td>1주</td><td colspan="5">• 어린이집의 운영 철학 및 서비스 등의 특징 파악<br>• 어린이집 보육교직원들과 친밀감 형성<br>• 실습반 영유아와 친밀감 형성하기<br>• 보육실습생으로서의 역할 수행<br>• 본 실습반 관찰(일과운영, 보육환경, 영유아-교사 상호작용 등)<br>• 보육실습일지 작성과 지도교사의 평가</td></tr>
<tr><td>2주</td><td colspan="5">• (일과운영, 영유아 관찰, 교사역할 관찰을 통해) 일상생활 지원 계획하기<br>• 일상생활지원 실습하기<br>• (놀이관찰을 통해) 놀이지원 계획하기<br>• 놀이지원 실행하기<br>• 자기평가 및 지도교사 평가</td></tr>
<tr><td>3주</td><td colspan="5">• 반일보육 계획 협의 및 평가<br>• 반일보육 운영하기<br>• 자기평가 및 지도교사 평가<br>• 중간 어린이집 실습 평가회<br>• 실습일지 및 기타 실습관련 서류 제출</td></tr>
</table>

| | | |
|---|---|---|
| 보육활동운영실습 II | 4주 | • (일과운영, 영유아 관찰, 교사역할 관찰을 통해) 일상생활 지원 계획하기<br>• 일상생활지원 실습하기<br>• (놀이관찰을 통해) 놀이지원 계획하기<br>• 자기평가 및 지도교사 평가 |
| | 5주 | • 놀이지원 실습하기<br>• 유아반: (놀이관찰을 통해) 활동지원 계획하기<br>• 유아반: 활동지원 실습하기<br>• 자기평가 및 지도교사 평가 |
| | 6주 | • 반일보육 계획 협의 및 평가<br>• 반일보육 운영하기<br>• 자기평가 및 지도교사 평가<br>• 최종 어린이집 실습 평가회<br>• 실습일지 및 기타 실습관련 서류 제출 |

### 3) 필요서류와 행정절차

보육실습생이 보육실습을 수행하기 위해서 필요한 준비 서류와 사항들이 여러 가지가 있으므로 이에 대한 철저한 계획 및 준비가 필요하다.

보건복지부·육아정책연구소(2016)에서 보육실습생이 보육실습기관에서 담당하는 구체적인 준비사항에 대해 제시한 사항이 있으므로 이에 따라 철저한 준비가 필요하다.

| 대 상 | 내 용 | 서류 및 준비물 |
|---|---|---|
| 양성기관 | •보육실습 기관 선정<br>•보육실습생 상해보험 가입(권장사항)<br>•양성교육기관의 실습사전교육 실시<br>•보육 실습비 지급 | •보육실습 신청서<br>•보육실습 협조공문<br>•보육실습 동의서<br>•보육실습생 신상카드<br>•보육실습생 자기소개서(필요시)<br>•보육실습생 서약서<br>•보육실습비 영수증<br>•보육실습 확인서<br>•보육실습 결과보고서<br>•보육실습일지 제작 |
| 실습기관 | •보육실습지침 마련<br>•사전교육 준비<br>•보육실습비 영수증 발급<br>•보육실습 관련 서류 수령 및 보관 | •보건소의 전염성 질환(간염, 결핵, 장티푸스, 성병 등)에 대한 건강진단결과서(보건증)<br>•보육실습 협조 공문<br>•보육실습생 신상카드<br>•보육실습생 서약서<br>•보육실습생 동의서<br>•실습확인서<br>•신분증 사본<br>•성범죄경력 동의서<br>•성범죄경력조회 회신서 |
| 보육 실습생 | •실습기관 사전방문 및 사전교육<br>•서류작성 및 실습기관에 서류 전달<br>–보육실습생 신상카드<br>–보육실습생 자기소개서(필요시)<br>–보육실습생 서약서<br>–보육실습비 영수증 양식<br>–보육실습 확인서 양식<br>–보육실습 결과보고서 양식 | •보건소의 전염성 질환에 대한 건강진단결과서(구 보건증)<br>•이름표(양성교육기관명, 보육실습생 이름)<br>•실내화 또는 덧신(필요시)<br>•실외놀이용 신발(필요시)<br>•여벌 옷<br>•보육실습일지 및 필기도구 |

출처: 보건복지부 · 육아정책연구소(2016).

보육현장실습의 행정 절차는 다음과 같다.

| 보육실습 관련 내용 | 실행주체 | 순서 |
|---|---|---|
| 보육실습신청서 제출 | 학생 → 보육담당교수 | ① |
| 실습기관 선정 | 양성교육기관과 학생 협의 | ② |
| 실습협조공문 발송 | 양성교육기관 → 보육실습기관 | ③ |
| 실습동의서 수령 | 보육실습기관 → 양성교육기관 | ④ |
| 보육실습생 상해보험 가입(권장사항) | 양성교육기관 → 보험사 | ⑤ |
| 실습비 송금 | 양성교육기관 → 보육실습기관 | ⑥ |
| 양성교육기관에서의 실습생 사전교육 | 양성교육기관 → 학생 | ⑦ |
| 실습생신상카드, 서약서, 자기소개서 작성지도, 실습일지 및 실습관련 서류 전달 | 양성교육기관 → 학생 | ⑧ |
| 실습생 실습기관 사전 방문 및 사전교육 | 실습기관 → 학생 | ⑨ |
| 각종 서류 전달 (실습생신상카드, 서약서, 자기소개서, 보육실습 확인서, 보육실습평가서, 실습비영수증양식, 건강진단결과서) | 양성교육기관 → 학생 → 실습기관 | ⑩ |
| 6주 실습 실시 | 실습기관 → 학생 | ⑪ |
| 각종 서류 전달 (보육실습확인서, 실습결과보고서, 실습비영수증) | 실습기관 → 학생 → 양성교육기관 | ⑫ |
| 보육실습일지 제출 | 학생 → 양성교육기관 | ⑬ |
| 보육실습 평가회 및 보육실습 종료 | | ⑭ |

출처: 보건복지부 · 한국보육진흥원(2020).

| 구분 | 교수 및 양성교육기관 | 학 생 |
|---|---|---|
| 내용 | • 보육실습기관 섭외, 선정<br>• 보육실습생 상해보험 가입(권장사항)<br>• 양성교육기관의 실습사전교육 실시<br>• 보육실습비 지급<br>• 보육실습생 건강진단결과서 발급 지도<br>• 성범죄 경력 조회 및 아동학대 관련 범죄 전력조회 안내<br>• 보육실습 오리엔테이션 | • 실습기관 사전방문 및 사전교육<br>• 서류작성 및 실습기관에 서류 전달<br>– 보육실습생 신상카드<br>– 보육실습생 서약서<br>– 보육실습생 자기소개서(필요시)<br>– 보육실습비 영수증 양식<br>– 보육실습확인서 양식<br>– 보육실습평가서 양식<br>– 보건소의 감염성 질환에 대한 건강진단 결과서(구 보건증) |
| 서류 및 준비물 | • 보육실습 신청서<br>• 보육실습 협조공문<br>• 보육실습 동의서<br>• 보육실습 신상카드<br>• 보육실습 자기소개서(필요시)<br>• 보육실습 서약서<br>• 보육실습확인서<br>• 보육실습평가서<br>• 보육실습비 영수증<br>• 보육실습일지 제작(기관현황, 출근부 등 포함) | • 이름표(양성교육기관명, 보육실습생 이름)<br>• 실내화 또는 덧신(필요시)<br>• 실외놀이용 신발(필요시)<br>• 여벌옷(필요시)<br>• 보육실습일지 및 필기도구 |

* 「어린이집지원시스템」을 통하여 보육실습확인서를 출력한 경우 첨부서류를 제출하지 않아도 됨(단, 유치원은 양성교육기관에서 양식제공).

## 4 ▸ 보육실습의 자세와 역할

보육실습 현장에서 예비보육교사는 태도 및 표정, 근무시간 등 모든 측면에서 보육교사와 다름없는 자세와 역할을 요구받는다. 특히 보육실습기관의 원장, 교사들과는 달리 학부모들은 예비보육교사가 아닌 교사로 대하기 때문에 간혹 보육교사의 역할을 침범하게 되는 경우도 발생한다. 보육실습생의 실습은 보육교사 자격을 취득하기 위한 과정이기 때문에 예비보육교사로서 벗어나는 태도 및 언행은 삼가야 하므로 실습기관이나 실습지도교사의 지도하에 보육실습이 이루어질 수 있도록 해야 한다.

한국보육진흥원(2013)에서 제시한 보육실습생의 역할 및 근무태도는 다음과 같다.

### 1) 보육실습생의 역할

- 실습기관 환경 및 보육환경 구성 관찰
- 보육 일과 및 활동 참여
- 영유아 행동 및 활동 관찰
- 보육실습일지 작성, 지도교사의 조언 듣기 및 매일의 자기 평가
- 예비보육교사로서의 역할 수행
- 보육활동계획안 작성
- 영역별 보육활동, 반일(일일)보육활동 등의 보육활동 계획 및 실행
- 보육실습기관의 가정 간 연계 프로그램이나 행사 참여
- 보육실 정리정돈

### 2) 보육실습생의 근무태도

- 실습 기간 동안 예비교사로서의 품위를 지키고, 매사에 영유아에게 본보기가 되도록 언행에 주의한다.
- 실습일지를 작성하며, 지도교사의 조언을 받는다.

- 활동 전에 지도교사에게 활동계획안(영역별 교육활동, 반일교육활동 또는 일일교육활동)을 제출하여 지도를 받은 후 활동에 임한다.
- 영유아의 일상생활지도에 대한 지침은 해당 실습기관의 내용에 따른다.
- 해당 실습기관으로부터 영유아의 안전사고 예방에 대한 사전 교육의 내용을 숙지하도록 한다.
- 실습기관의 비품 및 기자재를 사용하고자 할 때는 지도교사와 담당자의 허락을 받고 사용방법에 유의하여 조심스럽게 사용한 후 반납한다.
- 활동에 필요한 교재·교구를 제작할 때에는 반드시 지도교사와 사전에 협의한 후 제작한다.
- 실습 중 응급상황이 발생했을 때는 즉시 지도교사에게 알리고 지도를 받는다.
- 매일 작성하는 일지를 비롯하여 각종 제출물은 기일을 엄수하여 제출한다.
- 학부모 질문 시 친절한 태도로 실습생임을 밝히고 지도교사에게 안내해야 하며, 실습생은 학부모 상담을 하지 않도록 한다.
- 교직원, 영유아, 부모는 물론이고 어린이집을 방문하는 방문객에게 공손하게 인사하며 항상 밝고 친절한 모습으로 대한다.
- 실습 중 휴대전화 사용을 금하고 교실에 휴대전화를 가지고 들어가지 않는다.
- 커피 및 음료는 교실 이외의 정해진 장소에서 음용한다.
- 동료 실습생들 간의 호칭은 '○○○ 선생님'으로 하고 실습생들 간에도 존대어를 사용하며 불필요한 이야기를 하지 않는다.
- 실습 기간 중 불만이나 갈등상황이 발생했을 경우 실습기관의 규정과 절차에 따라 해결한다.

### 3) 보육실습생의 근무시간

- 실습기관의 출근·퇴근 시간 규정(일일 8시간)은 원의 방침을 따른다.
- 실습시간은 평일(월~금요일) 오전 9시부터 오후 7시 사이, 1일 8시간에 대해서만 실습으로 인정된다.
- 출근시간을 엄수하고 무단결근, 지각, 외출 및 조퇴를 금한다. 부득이 한 경우에는 사전에 실습기관에 사유서를 제출하여 허락을 받는다.
- 매일 정해진 시간에 출근하여 출근부에 날인하며, 퇴근 시 지도교사와 원장에게 허락을 받고 퇴근한다.
- 부득이한 사유로 실습기관에서 결근 허락을 받은 경우, 결근 일수만큼 다른 날짜에 보육실습을 하여 보육실습 총 시간 및 일수를 맞추도록 한다.

### 4) 보육실습생의 윤리규정

보육실습생은 예비교사로서의 전문성을 갖추고 영유아의 인권보장 및 바람직한 인성형성을 위해 수준 높은 윤리와 도덕적 규범을 준수해야 한다. 한국보육진흥원(2013)에서 제시한 보육실습생의 윤리규정은 다음과 같다.

- 신체적·정신적·사회적으로 건강해야 한다.
- 유아를 존중하고 편견이나 차별 없이 그대로 수용해야 한다.
- 유아를 돌보고 지도하는 것을 즐거워하며 인내심이 있어야 한다.
- 지도교사 및 교육교직원에게 예의를 지키고 존중한다.
- 실습생 상호 간에 존중하고 예의를 지킨다.

- 특정 유아를 편애하거나 언어적·신체적 처벌 및 상벌을 하지 않는다.
- 지도교사가 지시하기 전에 실습생으로서 자신이 해야 할 일을 미리 솔선수범한다.
- 실습 기간 중에 부여된 일에 대하여 책임 있게 수행한다.
- 항상 긍정적이고 밝은 모습을 갖도록 노력한다.
- 학부모를 존중하고 예의를 지키되, 학부모와 개인적인 관계를 갖지 않는다.
- 유아의 신상에 관련된 사항(주민등록번호, 가정사, 질병 등)을 외부로 유출하지 않는다.
- 실습기관의 내부 정보를 외부로 유출하지 않는다.
- 실습기관의 물품을 함부로 다루지 않으며, 개인적 용도로 사용하지 않는다.
- 실습기관의 유아 사진이나 이름, 실습기관명 등을 실습생의 개인 홈페이지, SNS, 트위터 등에 올리지 않는다.

02

# 보육실습 6주: 현장의 이해

# 1 ▸ 영유아 지도의 이해

영유아 놀이지도는 영유아를 관찰하고 영유아와 상호작용하면서 영유아의 발달 특성, 요구와 흥미를 이해하고 적절한 상호작용 및 지도방법을 배우는 것으로 실습생은 각 보육실습기관에 영유아를 지도하기 위한 다양한 규칙이 있다는 것을 인식하고 영유아를 지도하는 기본적인 원칙을 배워야 한다.

## 1) 효율적인 영유아 지도 방법

- 영유아의 인지, 언어, 사회, 정서, 신체 발달 수준을 파악한다.
- 영유아의 가정환경, 요구, 흥미 등 특성을 파악한다.
- 영유아의 이름을 가능한 한 빨리 외운다.
- 영유아를 공정하게 대하고 똑같이 사랑한다.
- 영유아를 칭찬하고, 미소 짓고, 안아주는 등 비언어적인 표현을 한다.
- 영유아가 다른 사람들의 도움을 요구할 때 관심을 갖게 한다.
- 영유아에게 다른 사람을 돕는 경험을 제공한다.
- 영유아들 간에 서로 협동하게 한다.
- 영유아가 다른 성인 및 친구의 권위를 존중하게 한다.
- 영유아가 정직, 책임, 우정을 경험하고 이해하게 한다.
- 영유아가 자신이 할 수 있는 일을 스스로 하게 한다.
- 영유아가 문제 및 갈등을 스스로 해결하게 한다.
- 영유아가 옳은 일을 스스로 선택하게 한다.

- 영유아가 바람직하지 않은 행동을 스스로 자제하도록 한다.
- 영유아가 선택할 수 있는 기회를 가능한 한 많이 제공한다.
- 규칙을 만들 때는 영유아를 참여시킨다.
- 영유아의 의미 없는 행동은 무시한다.

## 2) 연령별 기본생활습관 지도

영유아기 기본생활습관의 발달특성을 숙지하고 실습생이 담당한 학급연령의 발달특성을 고려하여 기본생활습관을 적용한다(서명원, 2010).

### (1) 영아기 기본생활습관

① 5~8개월

- 규칙적인 식사시간을 알도록 해야 한다.
- 소변보는 간격은 점차 1~2시간 정도로 길어진다.

② 8~12개월

- 수저를 사용할 기회를 주어야 한다.
- 방광은 점차 커져서 어느 정도 소변을 참을 수 있게 되며 한두 마디 말을 할 수 있고 걸을 수 있어서 대소변 훈련을 준비할 수 있는 시기이다.

③ 12~24개월

- 영아는 컵이나 수저를 사용하여 혼자 먹으려고 하므로 영아 스스로 먹

는 연습을 시작할 수 있으며 배변 훈련은 아이의 의사와 자존심을 최대로 존중하면서 단계적으로 천천히 칭찬과 격려를 통해서 자신감을 가지게 하면서 진행되어야 한다.

④ 2~3세

- 기본적인 안전생활습관을 길러 최적의 발달을 하고 바른 생활습관을 형성한다.
- 청결과 위생, 수면과 휴식, 바른 식생활, 의생활 및 심신의 건강을 바탕으로 발달을 촉진하고 건강을 증진한다.
- 기본적인 대처능력을 길러 자신을 보호한다.
- 일상 속에서 기초적인 예절과 질서를 익혀 즐겁게 생활한다.

### (2) 유아기 기본생활습관

① 3~4세 유아 발달특성

- 건강하고 건전한 생활습관을 길러 자신의 건강을 보호하고 바른 생활습관을 형성한다.
- 안전하게 대처하는 능력을 길러서 자신과 타인을 보호한다.
- 일상 속에서 예절, 질서 및 절약을 생활화하여 즐겁게 생활한다.

② 4~5세 유아 발달특성

- 자신의 건강을 유지하고 안전한 생활과 바른 생활을 실천하며 타인을 배려하고 즐겁게 생활한다.
- 기초적인 건강관리를 실천하여 질병을 예방하고 건강을 증진한다.

- 위험한 요인과 상황에 대한 인식능력과 대처능력을 길러 자신과 타인을 보호하는 능력을 기른다.
- 일상 속에서 예절, 질서 및 절약을 실천하고 여러 활동에 적극적으로 참여하며 즐겁게 생활한다(서명원, 2010).

### (3) 부적응 영유아 기본생활습관지도

다음과 같은 사례를 보이는 부적응 영유아는 다음과 같이 지도한다.

#### ① 소변을 가리지 못하는 영유아

- 교육기관에서의 교사는 영유아의 놀이를 관찰하면서 영유아가 요의를 느끼면서도 놀던 것을 중단하지 못하는 모습이 보이면 급히 옆에 가서 어깨를 두드려 주거나 작은 소리로 "화장실에 갈까?"라고 한다.
- 이런 증상을 보이는 영유아를 나무라지 말고, 이것은 일시적인 문제이지 본질적인 것은 아니라는 것을 이해해 준다.

#### ② 식사를 오랫동안 하는 영유아

- 영유아의 이런 행동은 영유아기의 일시적인 문제라고 생각하는 것이 좋다. 마치 그대로 놔두면 이런 습관이 영유아의 평생 동안 지속될 것처럼 착각하기 쉬운데 꾸물거리며 식사하는 습관을 계속 지니는 사람은 없다는 인식을 가진다.
- 꾸물거릴 때 독촉하거나 야단치지 않는다.
- 처음에는 식사량을 조금 주어 부담감을 덜어준다.
- 식사 시 영유아를 관찰하며 변화과정을 지도에 점차 반영한다.

### ③ 식사 중 산만한 영유아

- 주의를 많이 주어서 영유아를 위축시켜서는 안 되며 놀면서 먹는다고 해도 그 상태나 원인에는 다소의 차이가 있을 수 있으므로 그에 따라 다르게 대처해야 한다.
- 우선 놀이나 다른 일에 관심이 있어 식사에 집중하지 못하는 영유아에게는 옆에서 본인만 들리는 소리로 "식사 끝내고 그것 할까?"라고 말한다.
- 교사 기분에 따라 자꾸 반복해서 주의를 주는 경우가 많으므로 이러한 자신의 태도 역시 분석하고 반성하여 반영한다.

### ④ 편식을 하는 영유아

- 편식하는 영유아 식사에 대해 지나치게 신경 쓰지 않는다.
- 식사에 대한 중압감을 주거나 모두 먹도록 잔소리를 하지 않는다.
- 교사의 과보호적인 태도나 귀찮은 간섭, 무절제한 애정 등이 원인인 경우가 많으므로 이에 대한 인식 변화가 필요하다.

### ⑤ 몸을 씻지 않는 영유아

- 영유아의 얼굴을 볼 때마다 "또 더럽혔구나" 등의 부정적 표현을 하는 것은 자제하며 손이나 얼굴 씻을 기회, 옷을 몸에 잘 맞게 제대로 입을 기회를 확실히 제공한다.
- 깨끗이 하면 어떤 점이 좋을지를 영유아에게 인식시켜 줄 필요가 있는데 이것을 교사가 칭찬해 줄 뿐 아니라 거울에 비추어 보게 함으로써 깨끗해진 결과를 영유아 스스로 확인하고 이해하도록 지도한다.
- 영유아가 스스로 얼굴이나 손을 씻으면 강화해 준다.

### ⑥ 정리정돈을 하지 않는 영유아

- 영유아가 할 수 있는 일은 스스로 할 수 있도록 기회를 준다.
- 수납공간을 여유 있게 만들어 주고 정리하기 쉽게 표시하여 준다.
- 정리정돈 시간에 노래에 맞추어 정리정돈을 하는 영유아의 이름을 부르면서 칭찬해 주며 정리를 돕는다. 정리정돈은 습관이며 한 번에 영유아를 바꾸려고 시도하지 말고 일관성 있게 인내심을 가지고 기다려 주는 것이 중요하다.

### ⑦ 손가락을 빠는 영유아

- 영유아에게 사랑이나 안정감이 부족하지 않았는가를 살펴봐 준다.
- 영유아 혼자 무료하게 두지 않는다.
- 영유아의 심리적 요인을 살펴봐 준다. 심리적인 스트레스나 정서적인 불안으로 인해 발생되는 퇴행현상으로 손톱을 물어뜯거나 오줌을 싸는 부적응 행동과 함께 나타나기도 함을 인지하고 영유아의 상황을 고려하여 지도한다.
- 영유아의 행동을 주의 깊게 관찰한다. 영유아를 불안하게 만든 사건이나 사고가 있었는지 살펴보고 영유아를 심리적으로 안정시켜 주도록 따뜻한 관심과 사랑을 준다.

### ⑧ 지저분하게 먹는 영유아

- 체계적으로 적절하게 먹는 법을 가르쳐 준다.
- 영유아에게 숟가락과 젓가락을 어떻게 잡는 것이 좋은지 영유아의 손을 붙잡고 가르쳐 준다.

- 지저분하게 먹을 때 무시한다. 만약 계속 이런 행동을 하면, 영유아의 행동에 반응하지 않는다.
- 지저분하게 먹는 행동에 대해서 아무 말도 하지 않는다.

### ⑨ 행동이 느린 영유아

- 영유아에게 너무 많은 것을 기대하지 않는다.
- 영유아의 감정을 살핀다.
- 영유아와 서로 다른 기질을 인정하여 준다. 하지만 그날 일어난 일은 그날 해결하는 습관을 갖도록 지도한다.

### ⑩ 의존하는 영유아

- 아이가 하는 일에 대해서 사사건건 간섭하며 다 해주지 않는다.
- 아이에게 선택의 기회와 그 결과를 책임지게 한다.
- 아이 발달수준에 맞는 일이나 역할을 맡겨서 완수하도록 한다.
- 아이가 노력해서 일을 해냈을 때 칭찬과 격려를 많이 해준다.

### ⑪ 결벽증 지도

- 활동 이외의 흥미 있는 놀이를 만들어 주고 교사가 함께 그 놀이를 즐김으로써 씻는 횟수를 줄여 간다.
- 물놀이를 좋아할 경우, 어린이집에서 화초에 물 주기와 같은 역할을 부여하여 강화한다.

### ⑫ 화에 대한 지도

- 몸이 아프거나 환경이 불안하거나 사소한 일에도 화를 낼 때 건강에

주의를 기울이며 피로하지 않게 한다.
- 규칙적인 생활을 하게 한다.
- 조용한 환경을 조성해 준다.
- 명확하고 엄격한 태도를 취해야 한다.

## 3) 영유아 갈등 지도방법

### (1) 교사의 개입이 필요한 상황

- 영유아의 행동에서 신체적인 공격(때리고, 물고, 물건을 던지는 등)이 나타날 때
- 영유아의 행동이 통제되지 않을 때
- 영유아가 울거나 비명을 지를 때
- 영유아의 싸움이 계속해서 지속될 때

### (2) 교사의 갈등 개입방법

- 갈등 상황이 왜 발생했는지 원인과 상황에 대해서 이야기한다.
- 영유아가 이야기할 때까지 인내를 가지고 기다린다.
- 갈등에 관련된 모든 영유아에게 이야기할 수 있는 기회를 준다.
- 꾸짖거나 비난하거나 창피를 주지 말고 영유아가 한 말을 수용한다.
- 영유아가 자신의 감정을 이야기하게 하고, 감정이입을 해 준다.
- 다른 친구의 감정은 어떠할지 감정이입을 할 수 있게 한다.
- 갈등 상대와 화해할 수 있는 방법을 모색한다.

## 4) 영유아의 건강관리

영유아가 가만히 앉아 있다거나 아무것도 하지 않으려고 한다면 영유아의 건강에 문제가 생겼음을 알리는 신호가 된다(이대균, 2013).

### (1) 교실환경의 위생관리

- 자주 환기를 시킨다.
- 황사가 심한 날에는 공기청정기를 설치하여 공기를 신선하게 유지한다.
- 침구는 땀을 흘리면서 자는 경우가 많으므로 주 1회 이상 침구세탁을 한다.
- 교실 내 영유아용 칫솔 살균기를 설치하여 칫솔과 컵의 위생관리를 한다.

#### 일일 건강 관찰사항

- 영유아들이 보육시설에 오면 병의 징후가 없는지 살펴보아야 한다.
- 수두, 수족구, 눈병 등의 전염병은 집단생활을 하는 영유아들에게 옮길 수 있는 질병이므로 매일 아침 등원할 때 건강 체크를 해야 한다.

### (2) 투약

- 실습생이 투약을 할 경우에 부모와 지도교사의 허락이 있을 때만 한다.
- 모든 약은 잠겨 있어야 하며 영유아들의 손이 닿지 않는 곳에 보관한다.
- 투약 후에 날짜, 시간, 투약량, 영유아의 상황 등을 기록하고 투약내용을 기록한다.

## 5) 영아기의 영양관리

### (1) 수유하기

- 손을 깨끗이 씻고 깨끗한 싱크대에서 준비한다.
- 영아가 1회에 먹을 수 있는 만큼의 분유를 우유병에 담아 먹인다.
- 분유가 든 우유병은 잘 보관하도록 한다.
- 부모 또는 지도교사가 물의 양을 우유병에 표시해 둔 것을 참고하여 수유한다.
- 물은 완전히 끓인 다음 약간 식혀서 수유 직전에 우유병에 붓는다.
- 먹다 남은 우유는 세균이 번식하므로 버리고 깨끗하게 세척한다.
- 우유병은 자외선 살균 소독기에 넣고 소독한다.

### (2) 수유방법

- 수유 기술을 먼저 익힌다.
- 교사는 자신과 영아 모두 편안한 자세가 되도록 영아를 안는다.
- 영아의 머리가 옆으로 돌려지지 않도록 주의한다.
- 영아를 몸에 붙여 안는다.
- 수유하는 동안 눈을 맞추고 상호작용한다.
- 영아가 처음 5분 정도 힘차게 빨고 만족한 것처럼 보이더라도 계속해서 10분 정도는 빨도록 유도한다.
- 수유를 마치면 영아를 바로 세운 자세에서 등을 가볍게 두드려 트림을 시킨다.

- 수유 후 눕힐 때는 오른쪽으로 눕혀 역류와 복부 팽만을 방지하도록 한다.

## (3) 이유식 상식

- 이유의 시작은 보통 생후 5개월 정도가 되고 몸무게가 6~7kg 정도일 때 시작하며 이유가 완료되는 시기는 1년이 적당하다.
- 아기의 이유식은 야채, 과일, 고기를 갈아서 6~8개월부터 공급하고 컵으로 제공되는 음료를 삼키는 것은 9개월부터 제공하는 것이 좋다.
- 아기의 미각 발달을 위해 새로운 식품을 하나씩 증가시킬 때는 한 번 주기 시작한 음식물은 적어도 4~5일 간격을 두고 지속적으로 공급하는 것이 바람직하다.

## (4) 영양관련 문제

### 수유장애

- 역류는 소화되지 않은 음식이 위로부터 다시 넘어오는 것이며 보통 트림과 함께 나타난다.
- 밸어내기는 수유 후, 즉각적으로 영아가 입속으로 삼키지 않은 음식을 흘리는 것을 말한다.
- 수유 중간과 수유 후에 트림을 시키고 수유 후에는 머리를 조금 높여서 오른쪽으로 눕히는 등의 방법으로 예방할 수 있다.

**우유 과민 반응**

- 우유 과민 반응을 나타내면 우유 섭취를 금지시키고 우유 대용으로 두유를 먹인다.
- 두유에도 과민한 경우가 있으므로 주의를 기울여야 한다.
- 1세까지는 치료식에 의해 양육되며 1세 후부터는 소량씩 우유를 먹이기 시작한다.

#### (5) 올바른 식습관

- 음식이 보기 좋고 맛있어 보이도록 한다.
- 분위기를 즐겁게 한다.
- 유아들이 스스로 음식을 날랐다는 사실에 만족해하게 한다.
- 각자 자유롭게 음식을 선택하게 한다.
- 자조기술을 익히게 한다.
- 교사가 긴장을 풀고 즐거움을 주게 한다.
- 식사시간은 먹고 즐긴다는 기대감에서 음식이 제공되게 한다.

### 6) 영유아기의 안전관리

#### (1) 연령별 발달 특성에 따른 안전사고

① 영영아기

- 9개월 이후부터는 붙잡고 일어서거나 걷기 시작하면서 이동범위가 더욱 커진다.

- 아직 몸에 균형감각이 부족하여 자주 넘어지게 된다.
- 안전사고 유형: 추락, 화상, 상해, 충돌사고, 질식사고 등

② 영아기

- 자신의 몸이나 도구를 이용하여 끊임없이 탐색하고 활동의 범위가 넓어지면서 안전사고도 가장 많이 발생하는 시기이다.
- 안전사고 유형: 놀이에 의한 화상, 추락사고, 교통사고, 상해 등

③ 유아기

- 영아기에 비해 몸의 균형이 잡히고 균형감각과 협응력이 발달하는 시기로 모험놀이와 대근육활동이 증가한다.
- 안전사고 유형: 스포츠 안전사고, 교통사고 등

### (2) 보육실 내 점검

- 영유아가 혼자서 밖으로 나가지 못하도록 안전문을 설치하였는가?
- 우유를 타기 위해 냉온수기를 사용할 경우, 영유아의 손에 닿지 않는 곳에 두고 온수 잠금장치를 사용하였는가?
- 영유아 손에 닿는 곳의 전기 콘센트는 안전 덮개가 덮어져 있는가?
- 가구의 모서리가 둥글고 표면이 매끄럽게 처리되어 있으며 모서리 보호대 등의 장치를 설치하였는가?
- 파손되거나 삼키기 쉬운 놀잇감은 없는가?
- 거울은 깨지지 않는 안전거울을 사용하였는가?
- 모빌은 단단하게 고정되어 있는가?

- 교구장은 적당한 양의 교구가 수납되어 있는가?
- 교구 중 파손되어 날카롭거나 뾰족한 부분은 없는가?
- 드라이어, 전화기 등 역할놀이 도구의 전선 처리가 안전한가?
- 위험한 물건은 영유아의 손에 닿지 않는 곳에 보관하였는가?

### (3) 보육실 외 점검

- 화장실 바닥은 미끄럼 방지 장치를 하였는가?
- 샤워 설비, 세면설비 및 냉·온수 공급을 위한 설비를 갖추고 수도꼭지는 온수 사용 시 화상을 입지 않도록 되어 있는가?
- 창에는 창문 보호대나 난간을 설치하고 난간의 한쪽은 개폐식으로 하여 비상시 대피할 수 있도록 되어 있는가?
- 내부의 마감 재료는 불연재를 사용하였는가?
- 놀이기구 및 모서리에는 안전 보호대가 있는가?
- 문에는 손 끼임 방지장치나 속도 늦춤 장치가 되어 있는가?

### (4) 견학 시 차 안에서의 안전규칙 지도

- 영유아들은 좌석에 앉아 있어야 한다.
- 영유아들은 목소리를 작고 조용하게 내야 한다.
- 영유아들은 자기의 손을 제자리에 놓아야 한다.
- 함부로 문과 창문을 열어서는 안 된다.
- 차가 완전히 설 때까지 앉아 있고 완전히 정차하면 순서대로 내린다.
- 차에 오르고 내릴 때는 차례를 지켜야 한다.

## 7) 영유아를 위한 환경구성

영유아의 능력에 따라 탐색이 가능한 환경으로 연령에 적합한 충분한 자료를 비치해 능동적으로 자유롭게 탐색, 원하는 활동을 선택, 실행, 평가하는 기회를 다양하고 융통성 있게 제공한다. 영아기에 이미 자율적으로 활동을 시도한 경험을 토대로 형성된 주도성으로부터 능동적 참여, 의사결정력을 갖도록 한다.

놀이를 통해 최적의 발달을 도모하는 환경은 놀이를 통해 다양한 기술, 아이디어, 지식 습득 등 놀이가 영유아의 발달수준을 보여주며 교사의 개입으로 더 높은 수준의 놀이를 이끌어내 최적으로 성장, 발달할 수 있다(놀이가 발달을 주도하고 발달과 학습을 강화시킴). 그러므로 놀이가 활발하게 이루어질 수 있는 환경을 제시한다.

### (1) 물리적 환경의 구성 원리

- 놀이를 끝내면 정리정돈을 스스로 할 수 있도록 하여 영유아의 책임감을 발달시킨다.
- 영유아들이 놀잇감을 쉽게 꺼내어 사용할 수 있는 위치에 배치하여 수시로 자율적인 선택을 하도록 하여 독립심을 발달시킨다.
- 교실 공간마다 무엇을 하는 곳인지에 대한 분명한 메시지를 표시하고 영유아의 발달에 적합한 놀잇감을 잘 보이게 배치하여 영유아들이 생산적인 활동에 참여하도록 한다.
- 지도교사의 도움을 받아 충분하고 다양한 교재·교구 제공, 사회관계를 조성하는 자료를 배치하여 긍정적인 상호작용을 하도록 한다.

- 효율적으로 배열한 교육공간과 세심한 교재·교구의 선택으로 영유아들이 인지적 발달을 이루도록 한다.
- 영유아의 필요와 발달에 기초한 환경에는 개인 공간을 혼자 사용할 수 있도록 하여 자존감을 갖도록 한다.

#### (2) 실습생이 정리정돈 시 고려해야 할 사항

- 놀이영역 중심으로 구성된 환경은 영유아들이 빠르게 놀이에 참여하고, 놀이를 유지하는 시간이 길어지며, 보다 복잡한 놀이를 하게 돕는다.
- 교재·교구는 영유아가 쉽게 선택할 수 있도록 전시, 비치하고 정리정돈을 위해 그림, 사진으로 자리를 표시한다.
- 교재·교구를 자주 세척, 세탁하여 위생을 고려한다.
- 벽의 부착물은 영유아의 눈높이를 고려하여 게시한다.

## 2 대소집단 구성의 이해

### 1) 개별활동과 집단활동

#### (1) 개별활동

- 영유아의 발달 상태나 능력에는 개인차가 있기 때문에 영유아의 개성을 존중하고 교사는 보육과정에서 영유아의 놀이의 흐름에 따라 개별 흥미와 욕구를 반영하여 학습내용이나 교수방법을 융통성있게 적용해야 한다.

- 영유아의 개별활동은 교사, 또래, 교구 간 상호작용이 통합적으로 이루어짐과 동시에 집단활동과의 균형을 고려하여 체계적으로 계획한다.

### (2) 집단활동

- 영유아가 함께 모여서 활동하는 것을 말하며, 대집단 활동(20~30명), 소집단 활동(5~10명)으로 나눌 수 있다. 단, 영아는 대집단 활동을 하지 않는다.
- 집단활동을 통해 영유아는 친구의 이야기를 경청하고 공유하는 것을 배우는 기회를 갖게 되고 집단 상호작용과 관련된 사회적 기술을 습득할 수 있다.
- 대·소집단 활동계획 시 교사는 영유아의 활동 특성 및 주제에 따라 적절한 집단의 크기, 집단활동을 위한 공간, 활동 시간대, 집단 형태를 결정한다. 집단활동은 20~30분을 넘지 않도록 한다.

## 2) 개별활동과 집단활동 운영

### (1) 개인차를 살릴 수 있는 효율적인 개별활동을 위한 방법

① 집단규모의 유연화

교실 내에서 대집단 교수 활동을 줄이고 팀별 활동이나 소집단 활동, 개별활동을 할 수 있는 자유 놀이시간을 비중 있게 운영한다.

② 교수학습방법 및 자료의 다양화

놀이영역에 제시된 여러 교재·교구 중에서 영유아가 자신에게 맞는 것을 선택하고 놀이에 적극 활용할 수 있도록 다양한 놀잇감을 제시하여 선택하게 한다.

③ 4차 표준보육과정 및 개정 누리과정의 수준별 내용을 반영

영유아는 같은 연령이라도 개인차가 있으며 표준보육과정 및 누리과정의 수준별, 연령별 내용을 고려하여 영유아 개인차를 인정하고 존중하는 교육활동을 진행한다.

### (2) 집단활동 운영

① 소집단 활동

- 5~10명 정도의 영유아가 함께 모여 활동을 하는 것으로 전체 영유아를 3~4개 집단으로 나누어 한다.
- 실험 및 관찰, 동시 짓기, 동극, 요리, 음악 감상 등과 같이 영유아의 적극적인 참여가 많은 활동일 때 효과적이다.
- 집단참여의 기회가 많고 동기유발이 잘 이루어진다.
- 개별 아동이 존중되고 수준별 교수방법을 적용할 수 있다.
- 의사소통이 가능한 집단구성으로 인해 의사 및 감정표현이 자유롭다.

② 대집단 활동

한 반 전체 유아가 함께 모여서 하는 활동 이야기 나누기, 문학 활동, 멀티미디어 감상, 음률 활동, 신체 활동, 과학 활동, 요리, 게임, 생일축하 등이 대집단 활동에 속한다.

### 대집단 활동의 계획 및 진행

- 유아의 연령이나 이해 정도를 고려한 활동을 계획한다.
- 일과 중 실내놀이시간과 같은 개별 및 소집단 활동들 사이에 계획하며 연속적인 대집단 활동은 주의집중시간이 짧은 유아들에게 효과를 얻기 어렵다는 점에 유의한다.
- 유아들의 주의가 집중될 수 있는 위치에 대그룹 활동장소를 정한다. 카펫이 깔린 공간을 사용하며 출입문을 마주보거나 직사광선을 마주보는 위치는 피하는 것이 좋다.
- 다양한 매체를 사용함으로써 대그룹 활동에 변화를 주어 유아들의 흥미를 이끌어낸다.

## 3 부분 수업 계획안 작성 및 실행

부분실습은 보육실습 중 실제 수업활동의 일부분을 실습하는 것이다. 이야기 나누기, 동화 들려주기, 간식 지도 등의 실제수업을 실습생이 실행한다. 부분 실습은 2주차에 1~2회 정도 실시한다. 부분 수업 활동계획 구성은 활동 목표, 활동 자료, 활동 방법, 확장 활동, 유의사항 등이 포함되도록 작성하되 사전 활동이나 영역 간 연계에 대한 내용을 포함하도록 한다.

지도교사는 주제의 전개 양상, 소주제와 보육활동 간의 균형성과 활동의 적합성 및 통합성, 영유아 발달의 적절성, 주간 계획안과 영유아의 흥미, 행사 및 반의 특별한 상황, 영유아의 놀이 양상 및 수준 등을 고려하여 실습생이 보육활동계획안을 작성할 수 있도록 지도한다. 아울러 실습생이 처음 진행하기에 적절한 활동인지 점검하고 실습생과 계획과정을 협의한다.

### 1) 보육실습 지도교사와 보육실습생의 협의

보육실습생이 직접 실행해야 하는 보육활동에 대해 지도교사와 실습생이 충분히 협의하는 것은 보육활동 실습의 성공 여부에 중요하다. 보육실습생은 교육기관에서 이론적으로 배웠으나 직접 영유아를 지도해 본 경험이 없어 다양하게 교수법을 수행할 수 없다. 따라서 초반 활동은 난이도가 낮은 미술활동이나 언어활동부터 시작하여 점차 난이도가 높은 게임이나 동극을 진행하도록 진행과정을 계획하여야 한다. 보육실습 기간 동안 보육활동 계획 및 실행과 관련하여 실습지도교사와 함께 협의할 사항은 다음과 같다(한국보육진흥원, 2013: 57).

- 보육실습생의 보육활동 실습 일시(구체적인 날짜와 일과 중 시간 제시)
- 보육활동 유형 및 놀이영역(미술, 언어, 수·조작, 쌓기놀이, 역할놀이, 음률, 과학영역 등/게임, 요리 등의 대소집단 활동 등)
- 집단의 크기 및 집단 구성방법(대집단/소집단/개별활동)
- 보육활동 공간(보육실/유희실, 실내/실외)
- 보육활동 전개 방안(표준보육과정 및 누리과정에 기초한 통합적 전개)
- 보육활동 자료 선정(연령 적합성, 보육활동 내용과의 연계성, 자료의 적절성 및 준비 용이성, 보관 유지의 편의성, 안전성 등을 고려)
- 보육활동 전개 시 바람직한 교수전략 및 상호작용
- 보육활동계획안 작성 및 보육실습 지도교사의 지도 일정 논의

## 2) 부분 수업 활동계획안 작성

부분 수업 활동계획안에는 활동 목표, 활동 자료, 활동 방법, 확장 활동, 놀이평가 및 지원계획, 유의사항 등이 포함되도록 작성하되 사전경험이나 영역 간 연계에 대한 내용을 포함할 수 있다. 다양한 교수 방법에 아직 익숙하지 않은 실습생의 경우 지도교사가 작성한 주간교육계획안에 이미 제시된 활동, 목표나 활동방법이 단순 명료한 활동, 영유아의 참여가 용이한 활동부터 시작하도록 제안한다.

### (1) 부분 수업 교육계획안 작성 시 고려 사항

- 표준보육과정 및 누리과정의 교육내용 중 세부내용이 계획한 활동 목표와 연계되도록 한다.
- 활동에 필요한 자료의 종류를 구체적으로 기술한다.
- 활동방법 기술 시 영유아의 반응을 예상하며 발문한다.
- 영유아 연령, 흥미, 사전경험에 기초하여 활동시간을 계획한다.
- 지도능력이 부족할 수 있으므로 구체적으로 계획을 하도록 한다.
- 보육활동을 진행하는 소요시간을 예상한다.
- 보육활동 진행 시 예상되는 개별 영유아에 대한 예상 반응, 활동자료 제공 시 안전상 고려해야 할 점 등을 진술한다.

### (2) 활동계획안 작성 방법

- 주간교육계획 및 일일교육계획의 목표와 내용을 파악한다.
- 목표와 내용에 가장 적절한 활동을 선정한다.

- 효과적인 활동 진행 방법(동기유발, 진행, 마무리, 평가)을 생각한다.
- 필요한 교수자료를 계획한다.
- 활동 시간 및 장소를 계획한다.

### ① 활동 목표의 기능

- 활동 목표는 '보육활동을 통하여 학습자들에게 무엇을 배우게 할 것인가?' 즉, 보육활동에 대한 목표진술을 말하는 것으로, 하나의 주제 또는 생활주제를 통해서 영유아들이 성취하기를 기대하는 학습 성과를 의미하는 것으로 보육활동의 방향을 결정한다.
- 보육활동 내용과 절차의 선정, 조직, 계열을 정하는 데 지침이 된다.
- 영유아의 학업성취를 촉진한다.
- 보육활동 결과 및 학습 성과의 평가 기준 역할을 한다.

#### ▌부분 수업 활동목표 진술 시 고려사항

- 보육활동 목표는 영유아의 행동이나 성취에 관하여 진술해야 하며, 교사의 성취나 지도내용을 기술하지 않는다.
- 표준보육과정 및 누리과정의 교육내용 중 세부내용이 실습생이 계획한 활동 목표와 연계되도록 한다.
- 보육활동을 통해 영유아에게 기대하는 바를 진술하거나 영유아가 경험할 내용을 구체적으로 기술한다.
- 활동의 목표를 너무 지식에 치우치지 않도록 하고 영유아가 경험할 기술이나 태도, 가치도 포함되도록 한다("~할 수 있다.", "~알 수 있다."로 기술한다).

### ② 활동자료

- 보육실습기관에서 기존에 사용하는 자료의 활용 여부를 밝힌다.
- 활동에 필요한 자료의 종류를 구체적으로 기술한다.
- 제작이 필요하면 자료의 완성된 모습, 제작 방법, 적절한 활용법, 교구의 안전성, 보관 용이함 등을 구체적으로 기술한다.
- 제작이 필요한 활동 자료의 경우 지도교사와 협의하도록 하며, 계획안에 제작 과정에 대한 사진자료를 첨부할 수 있다.
- 실습생의 시간과 비용의 낭비가 없도록 지도교사와 충분한 사전 협의를 하여 계획된 보육활동에 꼭 필요한 것만 실습생이 제작하도록 한다.

### ③ 활동방법

- 보육활동 목표의 성취를 위한 활동 내용과 상호작용을 계획한다.
- 활동방법 기술 시 실습생의 말을 기록하고 영유아의 반응을 예상하면서 기록한다.
- 영유아 연령, 흥미, 사전경험에 기초하여 활동시간을 융통성 있게 계획한다.
- 실습생의 지도능력이 부족할 수 있으므로 구체적으로 계획을 한다. 즉, 영유아들이 흥미를 보이지 않았을 경우, 너무 과도한 흥미를 보였을 경우, 다른 대답이 나와 활동 진행이 계획한 대로 되지 않을 경우, 비나 눈이 와서 실내에서 해야 할 활동으로 바꾸어야 할 경우 등 예상되는 것을 사전에 다각도로 융통성 있게 계획한다.

### 도입 단계

- 영유아들이 활동에 적극적으로 참여할 수 있도록 유도하는 시간으로, 수업시간의 약 10% 정도인 대략 5분 이내가 적절하다.
- 영유아의 주의를 집중시켜 교사가 계획한 보육활동이 원활하게 진행되도록 한다.
- 영유아가 성취해야 할 기대되는 활동목표를 알려 주어 학습의 효과를 높이도록 한다. 마지막으로 본 학습을 위해 영유아가 과거에 학습했던 경험들을 상기시키며 과거의 학습내용과 본 활동을 연결시킨다.

### 전개 단계

- 보육활동의 80%를 차지, 대략 10~15분 이내로 도입 단계에서 유발된 학습동기를 유지할 수 있도록 다양한 수업방법을 사용해야 한다.
- 학습내용을 제시할 때에는 단순하고 쉬운 내용에서 복잡하고 어려운 내용 순서로 제시한다.
- 영유아의 연령, 흥미에 적합한 다양한 방법(실물 제시, 질문하기, 토론하기 등)을 사용하여 학습이 활발히 이루어지도록 안내한다.
- 영유아가 수업목표를 달성했는지 알아보기 위해 교사는 질문을 하거나 지시를 하여 영유아가 학습한 내용을 수행해 보도록 유도한다.

### 마무리 단계

- 수업시간의 약 10% 이내를 차지한다.
- 전개 단계의 끝부분에서 영유아가 수행한 결과의 옳고 그름을 즉각적으로 피드백을 해 준다. 이를 통해 영유아는 학습내용을 강화시킬 수 있다.
- 수업활동이 끝날 즈음 지금까지 활동한 내용에 대해 요약·정리하여

학습 내용을 다시 한 번 기억해 보게 한다.

- 학습한 내용을 실제 상황이나 이와 유사한 상황에서 적용시킬 수 있는 기회를 제공하여 파지와 전이(경험에서 얻은 정보를 유지하고, 나중 학습의 효과에 영향을 주는 것)를 촉진시킨다.
- 수업시간에 충분히 다루지 못한 부분을 추가로 제시하여 영유아의 학습욕구를 지속시키고, 다음 시간에 학습할 내용이나 주제를 이번 시간에 배운 내용과 관련지어 제시해 준다.
- 전이가 빠르고 효율적으로 이루어질 수 있도록 한다.

### ④ 평가

- 계획 단계에서는 주제 및 보육활동이 흥미롭고 교육적 가치가 있을 것이라고 생각했으나, 실행을 해 본 결과 계획에 적절치 않은 점이 있었던 점을 파악하여 다음 계획에 반영해야 한다.
- 계획 자체는 적절했으나 교사의 노력이나 기타 다른 요인으로 실행에 어려움이 있었다면 다음 계획에 반영해야 한다.
- 활동 상황이나 학급 운영에서의 특이사항 및 영유아의 관찰에 대한 내용이 포함될 수 있다.
- 보육계획과는 크게 상관이 없이 일반적인 내용을 다루고 있거나, 주관적인 내용에 대한 평가는 지양하여 객관적으로 평가해야 한다.

### ⑤ 확장활동

- 다른 놀이영역이나 오후활동, 실외활동으로 연계, 심화하거나 며칠 동안 이어지는 활동으로 확장할 수 있는 방안을 기록한다.
- 보육활동 자료나 결과물을 확장하여 활용할 수 있는 방안을 기록한다.

⑥ 유의사항

- 보육활동 진행 시 예상되는 개별 영유아에 대한 예상 반응, 활동자료 제공 시 안전상 고려해야 할 점 등을 진술한다.
- 보육활동 중 발생되는 여러 문제점들에 대한 예방 전략을 기술한다.

## 3) 연령별 부분 수업의 실제

### (1) 만 0세 부분 수업 예시

| 제출일 | 년 ○월 ○일 ○요일 | 결재 | 실습생 | 지도교사 | 원장 |
|---|---|---|---|---|---|
| | | | ㊞ | ㊞ | ㊞ |
| 실습생 | ○○○ | 지도교사 | ○○○ | | |
| 반 명 | 만 0세 ○○반 | 일 시 | ○월 ○○일 ○요일<br>오전 10:00~10:20 | | |
| 주 제 | 놀이는 재미있어요 | 소주제 | 까꿍 놀잇감 | | |
| 활동명 | 물티슈 뚜껑 까꿍놀이 | 활동유형 | 감각·탐색 | | |
| 활동목표<br>(표준보육과정<br>관련요소) | 사물이 나타났다가 사라지는 것에 호기심을 갖는다.<br>(자연탐구 > 수학적 탐구하기 > 수량 지각하기 > 있고 없는 상황을 지각한다.)<br>물티슈 뚜껑을 열고 닫아본다.<br>(신체운동 > 신체조절과 기본운동하기 > 소근육 조절하기 > 눈과 손을 협응하여 소근육을 활용해 본다.) | | | | |
| 활동자료 | 다 쓴 물티슈 뚜껑을 떼어 내어 그 속에 동물사진이나 그림 자료를 넣어 벽이나 바닥에 부착한다.<br><br> | | | | |

<table>
<tr><td>활동방법</td><td>〈활동 Ⅰ〉<br>1. 영아가 벽면에 제시된 물티슈 뚜껑 까꿍 놀잇감에 관심을 보이면 영아가 만져보게 한다.<br>–(물티슈 뚜껑을 열고 닫으며) 여기 신기한 까꿍 놀잇감이 있네.<br>–뚜껑을 열고 닫으니 똑딱똑딱 소리가 나네.<br>2. 물티슈 뚜껑 까꿍 놀잇감 안에 있는 그림 자료를 보며 이야기를 나눈다.<br>–(뚜껑 안에 있는 그림을 보며) 어, 뚜껑을 여니 사자가 있구나.<br>–이쪽에는 강아지도 있네.<br>〈활동 Ⅱ〉<br>1. 영아가 벽면에 제시된 물티슈 뚜껑 까꿍 놀잇감에 관심을 보이면 영아가 만져보게 한다.<br>–(물티슈 뚜껑을 열고 닫으며) 여기 신기한 까꿍 놀잇감이 있네.<br>–뚜껑 열고 닫으니 똑딱똑딱 소리도 나네.<br>2. 물티슈 뚜껑 까꿍 놀잇감을 영아 스스로 열고 닫으며 탐색하게 한다.<br>–○○이도 한번 열어볼까?<br>–○○이가 토끼를 찾았네.<br>–깡충깡충 토끼.<br>3. 영아가 물티슈 뚜껑 까꿍 놀잇감을 충분히 탐색한 후 교사가 말하는 동물을 찾아보게 한다.<br>–○○야, 코끼리 그림이 어디에 있는지 찾아볼까?<br>–○○이가 잘 찾는구나.</td></tr>
<tr><td>참고사항</td><td>물티슈 뚜껑 까꿍 놀잇감 안에 가족사진이나 친구사진 등을 넣어 찾아보는 활동을 할 수 있다.</td></tr>
</table>

출처: 보건복지부(2013a: 114).

### (2) 만 1세 부분 수업 예시

<table>
<tr><td rowspan="2">제출일</td><td rowspan="2">년 ○월 ○일 ○요일</td><td rowspan="2">결재</td><td>실습생</td><td>지도교사</td><td>원장</td></tr>
<tr><td>㊞</td><td>㊞</td><td>㊞</td></tr>
<tr><td>실습생</td><td>○○○</td><td>지도교사</td><td colspan="3">○○○</td></tr>
<tr><td>반 명</td><td>만 1세 ○○반</td><td>일 시</td><td colspan="3">○월 ○○일 ○요일<br>오전 10:00~10:20</td></tr>
<tr><td>주 제</td><td>새로운 것이 낯설어요</td><td>소주제</td><td colspan="3">만나고 친해져요</td></tr>
<tr><td>활동명</td><td>손인형으로 말해요</td><td>활동유형</td><td colspan="3">언어</td></tr>
</table>

<table>
<tr><td>활동목표<br>(표준보육과정<br>관련요소)</td><td>• 선생님이 들려주는 말소리를 따라서 소리 내어 본다.<br>(의사소통 > 말하기 > 발성과 발음으로 소리 내기 > 교사의 말을 모방하여 발음한다.)<br>• 선생님을 모방하며 손인형을 움직여 본다.<br>(예술경험 > 예술적 표현하기 > 모방행동 즐기기 > 단순한 모방행동을 놀이처럼 즐긴다.)</td></tr>
<tr><td>활동자료</td><td>영아에게 친숙한 동물모양(토끼, 곰, 개구리, 원숭이 등)이나 사람 모양의 손인형<br>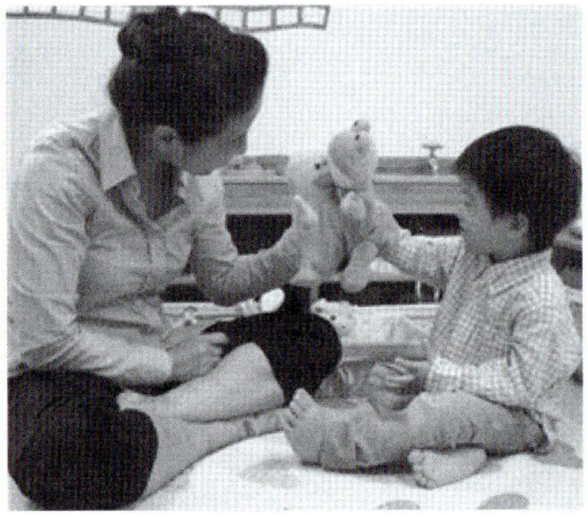</td></tr>
<tr><td>활동방법</td><td>1. 교사가 손에 손인형을 끼워 움직이는 모습을 관찰할 수 있도록 한다.<br>– (손인형을 낀 손을 뒤로 감추며) 깡충깡충, 교실에 누가 찾아왔나 봐요~<br>– ○○야~ 무슨 소리가 들리나요?<br>– (손인형을 앞으로 꺼내며) 깡충깡충~ 안녕? 나는 토끼야!<br>2. 손인형을 손에 끼고 영아와 함께 대화하듯 놀이한다.<br>– (토끼처럼 목소리를 변형하여) ○○야, 만나서 반가워!<br>– ○○도 토끼에게 안녕 하고 인사해 볼까요?<br>– 안녕!<br>3. 영아가 손인형을 손에 끼우고 손을 움직이며 놀이할 수 있도록 한다.<br>– ○○가 인형을 손에 끼고 움직여 볼까요?<br>– 어떤 인형을 손에 끼워 볼까요?<br>– ○○이는 손에 개구리 인형을 끼웠구나.<br>– ○○가 손인형을 잘 움직일 수 있구나.<br>4. 손인형을 손에 끼워 다른 영아와 함께 놀이하도록 격려한다.<br>– ○○가 인사를 하고 싶은 친구에게 가서 손인형으로 인사를 해 볼까요?</td></tr>
<tr><td>참고사항</td><td>1. 영아의 손에 너무 크지 않고 영아가 움직이기 쉬운 손인형을 준비한다.<br>2. 손인형이 움직이는 것을 무서워하는 영아가 있을 수 있으므로 놀이 전 손인형을 충분히 탐색해 볼 수 있도록 한다.<br>3. 적응프로그램을 하는 중에는 영아의 엄마, 아빠 얼굴로 손인형 또는 막대인형을 제작하여 제시해 줄 수 있다.</td></tr>
</table>

출처: 보건복지부(2013b: 116).

## (3) 만 2세 부분 수업 예시

<table>
<tr><td rowspan="2">제출일</td><td rowspan="2">년 ○월 ○일 ○요일</td><td rowspan="2">결재</td><td>실습생</td><td>지도교사</td><td>원장</td></tr>
<tr><td>㊞</td><td>㊞</td><td>㊞</td></tr>
<tr><td>실습생</td><td>○○○</td><td>지도교사</td><td colspan="3">○○○</td></tr>
<tr><td>반 명</td><td>만 2세 ○○반</td><td>일 시</td><td colspan="3">○월 ○○일 ○요일<br>오전 10:00~10:20</td></tr>
<tr><td>주 제</td><td>겨울과 모양을 즐겨요</td><td>소주제</td><td colspan="3">여러 가지 모양이 있어요</td></tr>
<tr><td>활동명</td><td>모양 가면 놀이</td><td>활동유형</td><td colspan="3">역할</td></tr>
<tr><td>활동목표<br>(표준보육과정<br>관련요소)</td><td colspan="5">• 가면을 반복적으로 탐색하며 형태와 모양에 관심을 갖는다.<br>(자연탐구 > 탐구하는 태도 기르기 > 반복적 탐색 즐기기 > 관심 있는 사물을 반복하여 주도적으로 탐색하기를 즐긴다.)<br>• 가면의 모양구멍을 통해 보이는 눈, 코, 입의 명칭을 안다.<br>(신체운동 > 감각과 신체 인식하기 > 신체를 인식하고 움직이기 > 신체 각 부분의 명칭을 안다.)</td></tr>
<tr><td>활동자료</td><td colspan="5">여러 가지 모양으로 구멍이 뚫린 가면, 종이 머리띠<br>교구제작방법: 모양가면<br>〈재료〉 종이, 코팅지, 고무줄<br>① 얼굴 크기의 종이를 여러 가지 모양으로 자른 후 눈, 코, 입 부분에 모양구멍을 뚫어준다.<br>② 가면을 코팅하고, 모서리 부분은 둥글게 잘라 안전하게 마감한다.<br>③ 귀 부분에 구멍을 뚫고 고무줄을 연결한다.<br>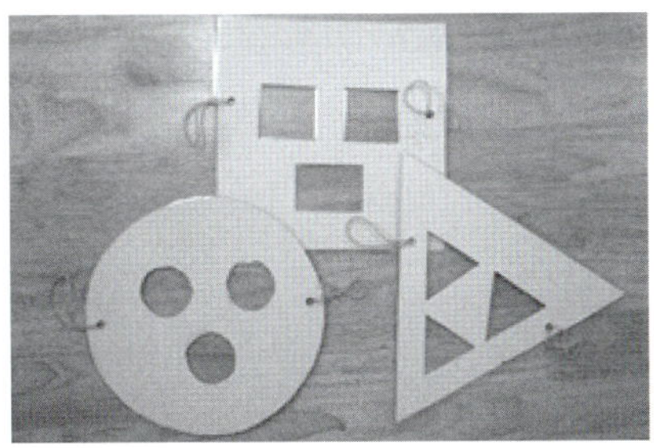</td></tr>
<tr><td>활동방법</td><td colspan="5">1. 모양가면을 함께 탐색한다.<br>- 이게 뭘까?<br>- 여기 구멍이 있네.<br>- ○○가 손가락을 넣고 있구나.<br>- 구멍으로 선생님이 보이나요?<br>- ○○가 윙크를 해 주었네.<br>2. 가면 속 구멍을 관찰하고, 얼굴의 어느 부분인지 구분해 본다.<br>- 가면 입은 어디 있나? 요기~<br>- 무슨 모양으로 뚫려 있나요?</td></tr>
</table>

| | |
|---|---|
| | 3. 원하는 모양의 가면을 쓰고 놀이한다.<br>– ○○아, 어떤 모양의 가면을 써 볼까?<br>– ○○의 눈이 동그라미가 되었네!<br>– 거울을 보고 있구나.<br>– 입은 무슨 모양이니?<br>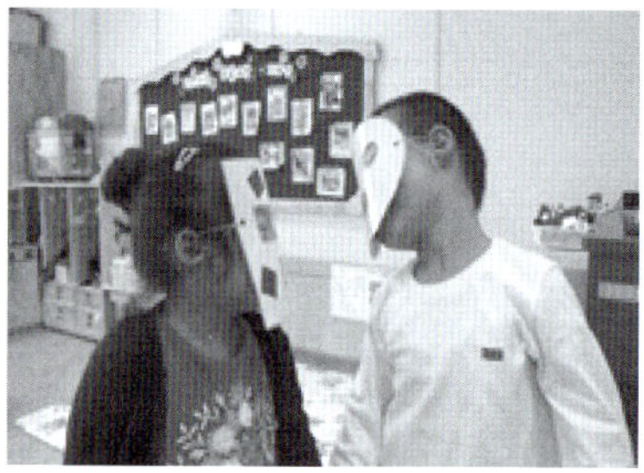 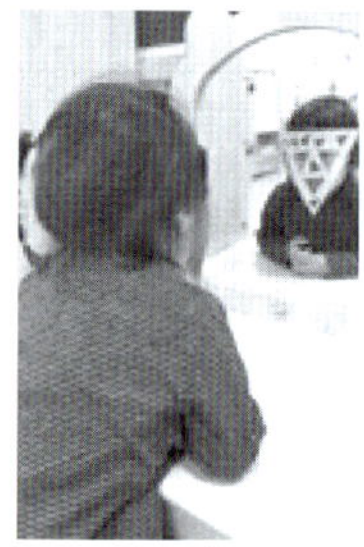 |
| 참고사항 | 1. 가면의 모양을 다양하게 제작하며, 개별 영아가 3개 이상의 자료를 탐색할 수 있도록 자료의 양을 충분히 준비한다.<br>2. 미술영역의 종이에 가면을 직접 그려본 후, 교사의 도움을 받아 구멍을 뚫고 스스로 만든 가면으로 놀이할 수 있다. |
| 확장활동 | 1. 가면을 쓰고 가상놀이를 한다.<br>2. 가면 위에 매직펜으로 끼적이거나 스티커를 붙이는 등 자유롭게 꾸며본다.<br>  |

출처: 보건복지부(2013c: 131).

## (4) 만 3세 부분 수업 예시

<table>
<tr><td rowspan="2">제출일</td><td rowspan="2">년 ○월 ○일 ○요일</td><td rowspan="2">결재</td><td>실습생</td><td>지도교사</td><td>원장</td></tr>
<tr><td>㊞</td><td>㊞</td><td>㊞</td></tr>
<tr><td>실습생</td><td>○○○</td><td>지도교사</td><td colspan="3">○○○</td></tr>
<tr><td>반 명</td><td>만 3세 ○○반</td><td>일 시</td><td colspan="3">○월 ○○일 ○요일<br>오전 10:00~10:20</td></tr>
<tr><td>주 제</td><td>겨울과 모양을 즐겨요</td><td>소주제</td><td colspan="3">여러 가지 모양이 있어요</td></tr>
<tr><td>활동명</td><td>과일 카나페 만들기</td><td>활동유형</td><td colspan="3">요리</td></tr>
<tr><td>활동목표<br>(표준보육과정<br>관련요소)</td><td colspan="5">• 과일을 이용한 요리에 관심을 가지고 참여한다.<br>(신체운동·건강: 신체 인식하기 – 감각 능력 기르고 활용하기)<br>• 여러 가지 감각기관을 활용하여 재료를 관찰한다.<br>(자연탐구: 과학적 탐구하기 – 물체와 물질 알아보기)<br>• 도구를 바르게 사용한다.<br>(자연탐구: 과학적 탐구하기 – 간단한 도구와 기계 활용하기)</td></tr>
<tr><td>활동자료</td><td colspan="5">요리 순서도 PPT, 요리 재료(과자, 방울토마토, 사과, 치즈, 햄, 오이, 잼), 요리도구(잼 바르는 수저, 케이크용 칼, 개인용 접시), 영유아용 앞치마와 머릿수건, 어린이용 비닐장갑<br>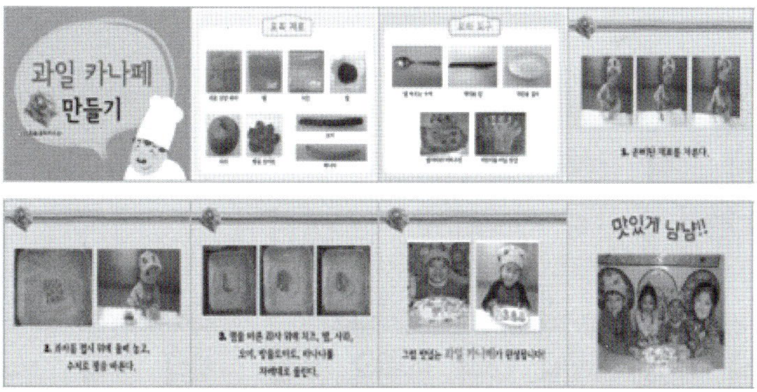<br><br>〈과일 카나페 만들기 요리 순서도 PPT〉</td></tr>
<tr><td>활동방법</td><td colspan="5">1. 재료와 도구를 탐색한다.<br>– 이것은 무엇일까?<br>– 만져 보고 냄새도 맡아 볼까? 어떤 냄새가 나니?<br>– 어떤 느낌이니? 맛은 어떠니?<br>– 여기에 있는 재료들로 무엇을 만들 수 있을까?</td></tr>
</table>

| | |
|---|---|
| | 2. 카나페를 소개한다.<br>– 카나페를 만들어 보도록 하자. 카나페를 먹어 본 적이 있니?<br>– 카나페는 어떤 음식이니?<br>3. 요리 순서를 소개한다.<br>〈요리 순서도〉<br>① 준비된 재료(치즈, 햄, 사과, 오이, 방울토마토, 바나나)를 자른다.<br>② 과자를 접시 위에 올려놓고, 수저로 잼을 바른다.<br>③ 잼을 바른 과자 위에 재료(치즈, 햄, 사과, 오이, 방울토마토, 바나나)를 차례대로 올린다.<br>④ 완성된 요리를 개인용 접시 위에 올려놓고 먹는다.<br>4. 요리활동을 할 때 지켜야 하는 약속에 대해 이야기 나눈다.<br>(요리도구를 조심히 사용하기)<br>(요리 순서를 생각하며 카나페를 만들기)<br>(음식을 가지고 장난치지 않기)<br>5. 요리 순서에 맞춰 카나페를 만들어 본다.<br>6. 완성된 요리는 접시에 놓고 맛있게 먹는다.<br>– 우리가 만든 과일 카나페의 모양이 어떠니?<br>– 과일 카나페의 맛이 어떠니?<br>7. 요리활동에 대한 느낌을 이야기하며, 자리를 정리한다.<br>– 과일 카나페를 만들어 보았는데 어땠니?<br>– 가장 재미있었던 것은 무엇이었니?<br>– 사과와 감을 올린 카나페는 어떻게 맛이 달랐니?<br>– 어려운 점은 무엇이 있었니?<br>– 남은 재료와 도구를 깨끗하게 정리하도록 하자. |
| 활동의 유의점 | 1. 앞치마, 머릿수건을 쓰고 손을 씻은 후 활동에 참여한다.<br>2. 요리 도구 사용에 대한 안전지도를 한다. |
| 활동평가 | 1. 과일을 이용한 요리에 관심을 가지는지 평가한다.<br>2. 여러 가지 감각기관을 활용하여 재료를 관찰하는지 평가한다.<br>가. 감각기관을 활용하여 재료의 모양, 냄새, 색, 맛 등을 관찰하는가?<br>3. 도구를 바르게 사용하는지 평가한다.<br>가. 도구의 사용방법을 알고 바르게 사용하는가? |
| 확장활동 | 1. 역할놀이 영역에서 과일가게 놀이를 해 본다.<br>2. 남은 과일로 과일주스를 만들어 본다. |

출처: 보건복지부(2013d: 157).

## (5) 만 4세 부분 수업 예시

<table>
<tr><td rowspan="2">제출일</td><td rowspan="2">년 ○월 ○일 ○요일</td><td rowspan="2">결재</td><td>실습생</td><td>지도교사</td><td>원장</td></tr>
<tr><td>㊞</td><td>㊞</td><td>㊞</td></tr>
<tr><td>실습생</td><td>○○○</td><td>지도교사</td><td colspan="3">○○○</td></tr>
<tr><td>반 명</td><td>만 4세 ○○반</td><td>일 시</td><td colspan="3">○월 ○○일 ○요일<br>오전 10:00~10:20</td></tr>
<tr><td>주 제</td><td>거울과 모양을 즐겨요</td><td>소주제</td><td colspan="3">여러 가지 모양이 있어요</td></tr>
<tr><td>활동명</td><td>내가 만들고 싶은 자동차</td><td>활동유형</td><td colspan="3">미술</td></tr>
<tr><td>활동목표<br>(표준보육과정<br>관련요소)</td><td colspan="5">• 다양한 자동차의 특징에 관심을 가진다.<br>(자연탐구: 과학적 탐구 – 물체와 물질 알아보기)<br>• 미술활동을 통해 자신의 생각과 느낌을 표현한다.<br>(의사소통: 말하기 – 느낌, 생각, 경험 말하기)<br>(예술경험: 예술적 표현하기 – 미술활동으로 표현하기)</td></tr>
<tr><td>활동자료</td><td colspan="5">사진(승용차, 트럭, 버스, 캠핑카, 굴삭기, 지게차, 구급차, 경찰차, 소방차, 견인차 등), 도화지, 사인펜, 크레파스, 색연필, 가위, 풀, 자동차 그림이 있는 잡지책<br><br>〈승용차〉<br><br>〈트럭〉<br><br>〈버스〉<br><br>〈캠핑카〉<br><br>〈굴삭기〉<br><br>〈지게차〉</td></tr>
</table>

<table>
<tr><td></td><td><br>〈구급차〉<br><br>〈경찰차〉<br><br>〈소방차〉<br><br>〈견인차〉</td></tr>
<tr><td>활동방법</td><td>1. 여러 가지 자동차 사진을 보며 경험을 이야기 나눈다.<br>– 이런 자동차를 본 적이 있니?<br>– 이것들 중에서 어떤 것들을 타 보았니?<br>– ○○○와 △△△을 탔을 때의 느낌이 어떻게 달랐니?<br>2. 내가 만들고 싶은 자동차에 대해 이야기를 나눈다.<br>– 너희가 자동차를 만든다면 어떤 자동차를 만들어 보고 싶니?<br>(예: 로봇 자동차, 무지개 위를 달리는 자동차, 점프를 잘하는 자동차, 날아다니는 자동차, 땅속으로 가는 자동차...)<br>3. 내가 만들고 싶은 자동차를 그림으로 표현해 보도록 한다.<br>– 여기에 있는 여러 가지 자동차 사진 중에서 하나를 골라 '내가 만들고 싶은 자동차'를 그려보자.<br>– 잡지에서 만들고 싶은 자동차를 오려 붙인다.<br>– 만들고 싶은 자동차를 꾸민다.<br>4. 완성된 자동차에 대해 이야기를 나눈다.<br>– 이 자동차의 이름은 무엇이니?<br>(예: 로봇 자동차, 내 맘대로 자동차, 보물찾기 자동차...)<br>– 이 자동차를 타려면 어떻게 해야 하지?<br>– 이 자동차는 어디에서 탈 수 있는 거니?<br>– 이 자동차는 어디로 다닐 수 있는 자동차니?<br>5. 완성된 자동차를 게시하여 감상하도록 한다.</td></tr>
</table>

| | |
|---|---|
| |  <br>〈보물찾기 자동차〉 〈땅속으로 이동하는 자동차〉 |
| 활동의 유의점 | 1. 여러 가지 교통 기관에 대한 책을 준비하여 미리 살펴볼 수 있도록 한다. |
| 활동평가 | 1. 여러 가지 자동차의 특징에 대해 관심을 가지는지 평가한다.<br>2. 자신의 생각과 느낌대로 자동차를 표현하는지 평가한다. |
| 확장활동 | 1. 자신이 꾸민 자동차를 몸으로 표현해 본다.<br>2. 친구들의 작품을 모아서 이야기 꾸미기를 한다. |

출처: 보건복지부(2013e: 45).

### (6) 만 5세 부분 수업 예시

| 제출일 | 년 ○월 ○일 ○요일 | 결재 | 실습생 | 지도교사 | 원장 |
|---|---|---|---|---|---|
| | | | ㊞ | ㊞ | ㊞ |
| 실습생 | ○○○ | 지도교사 | ○○○ | | |
| 반 명 | 만 5세 ○○반 | 일 시 | ○월 ○○일 ○요일<br>오전 10:00~10:20 | | |
| 주 제 | 가을과 자연 | 소주제 | 가을의 변화 | | |
| 활동명 | 허수아비 공 멀리 보내기 | 활동유형 | 수·과학영역 | | |
| 활동목표<br>(표준보육과정 관련요소) | • 공의 크기와 무게, 바람의 세기에 따른 공의 움직임을 관찰하고 예측한다.<br>(자연탐구: 탐구하는 태도 기르기 – 탐구기술 활용하기)<br>• 바람에 의한 공의 이동거리를 시각적으로 인식할 수 있다.<br>(신체운동·건강: 신체 인식하기 – 감각기관 활용하기) | | | | |

| | |
|---|---|
| 활동자료 | 허수아비 얼굴로 꾸민 탁구공, 스티로폼 공, 탱탱볼, 다양한 넓이와 길이의 빨대, 마스킹 테이프  |
| 활동방법 | 1. 책상 위에 마스킹 테이프로 출발선을 표시해 놓고 바구니에 허수아비 얼굴로 꾸민 탁구공, 스티로폼 공, 탱탱볼, 다양한 넓이와 길이의 빨대를 올려놓는다.<br>2. 허수아비 얼굴로 꾸며진 공의 크기, 무게를 탐색한다.<br>– 공으로 만들어진 허수아비가 있네요.<br>– 어떤 공으로 만들었을까요?<br>– 어떤 공이 가장 클까요? 어떤 공이 가장 무거울까요?<br>3. 빨대의 넓이, 길이를 탐색해 보고 서열화해 본다.<br>– 어떤 빨대의 넓이가 가장 넓을까요? 넓이 순서대로 놓아보아요.<br>– 어떤 빨대의 길이가 가장 길까요? 길이 순서대로 놓아보아요.<br>4. 마스킹 테이프로 표시한 출발선에 허수아비 얼굴로 꾸며진 공을 올려놓고 다양한 빨대로 불어 공이 멀리 움직이도록 한다.<br>5. 동일한 길이와 넓이의 빨대로 불어 어떤 공이 가장 멀리 움직이는지 관찰한다.<br>6. 동일한 크기와 무게의 공을 다양한 빨대로 불어 어떤 공이 가장 멀리 움직이는지 관찰한다.<br>7. 공의 크기, 공의 무게, 빨대의 길이, 빨대의 넓이 등에 따라 공이 움직이는 거리를 관계 지어보고 생각을 나눈다. |
| 활동의 유의점 | 1. 유아가 공의 크기와 무게, 빨대의 길이와 넓이에 따라 공이 움직인 거리에 대해 정확히 결론을 내리지 않는다 할지라도 교사가 사회적 지식으로 정답을 제공하지 않는다.<br>2. 유아가 여러 번 시도해 보면서 스스로 자신만의 결론을 내리고 그 결론을 친구들과 공유하면서 수정해 볼 수 있도록 격려한다. |
| 활동평가 | 1. 유아가 공의 크기와 무게, 빨대의 길이와 넓이에 따라 공이 움직인 거리의 관계에 관심을 갖는지 평가한다.<br>2. 유아가 공의 크기와 무게, 빨대의 길이와 넓이에 따라 공이 움직인 거리의 관계를 알았는지 평가한다. |
| 확장활동 | 여러 가지 부채로 공을 움직여 볼 수 있다. |

출처: 보건복지부(2012: 160).

### 4) 부분 수업활동을 위해서 연습해야 하는 내용

- 활동 진행 순서를 정확히 암기한다.
- 활용할 교수자료(그림, 융판 자료, 손인형 등)를 조작하고 연습해 본다.
- 기자재를 활용할 경우, 작동 여부를 반드시 확인하고 전기 기자재인 경우 전기 콘센트 등을 확인하며 사용법을 익혀서 원활하게 수업이 진행되도록 한다.
- 영유아와 할 실험은 미리 실행하여 결과가 예상대로 되는지 확인한다.
- 동화의 경우 인물 묘사를 위해서 동화구연을 연습한다.
- 효과적인 발문을 연습한다(계획안 작성 시 영유아의 대답을 미리 상상하여 기록해 두면 수업을 진행할 때 도움이 된다).
- 수업 준비물은 영유아들이 보지 않는 곳에, 바구니나 상자에 담아서 둔다.

## 4 ▸ 연계수업 계획 및 실행

### 1) 연계수업 계획

- 발달은 통합적 특성을 지니고 있어 하나의 발달영역에서 일어나는 발달은 또 다른 영역의 발달에 영향을 준다.
- 영유아기는 다른 시기보다 통합된 것으로 인식하는 특성이 강하기 때문에 신체적·사회적·정서적·인지적·언어적 발달이 통합적으로 고루 일어날 수 있도록 교육하는 것이 매우 중요하다.

- 학습자의 발달특성에 맞는 교육을 하기 위해서는 그들이 생활하는 현실 세계와 요구, 흥미, 발달특성을 고려한 지식이나 경험을 고려한 통합적인 접근이 필요하다.
- 영유아기는 영유아의 흥미와 요구를 반영한 놀이 활동으로 운영되었을 때 가장 효율적으로 학습할 수 있다.
- 표준보육과정 및 누리과정은 영유아의 흥미와 선택을 고려할 수 있도록 놀이영역별 실내놀이활동이나 소집단 및 개별 활동의 형태로 경험될 수 있도록 연계하여 구성하는 것이 바람직하다.

## 2) 연계수업 실행 및 실제

### (1) 연계수업 실행

- 연계실습은 보육실습 중 지도교사가 진행하는 교육과정 중 두 가지 수업활동을 연계하여 지도하는 것이다. 이야기 나누기 후 미술활동, 동화 감상 후 동극, 음률활동 후 동작표현 등 다양하게 수업을 연계하여 진행할 수 있다.
- 보육활동은 단일 교과목의 형태보다는 주제를 중심으로 통합적으로 편성하는 것이 바람직하며, 주제는 영유아의 일상적인 생활경험과 밀접한 관계가 있는 것이 적절하다.

### (2) 연계수업의 실제

의사소통 영역 활동이 자연탐구 및 신체운동·건강 영역 활동으로 이어진 사례는 다음과 같다.

| 주 제 | | 텃밭 가꾸기 | |
|---|---|---|---|
| 누리과정 | | 활동명 | 활동방법 |
| 영역 | 내용 | | |
| 자연·<br>탐구 | 말하기<br>느낌, 생각,<br>경험<br>말하기 | 텃밭에 있는<br>열매 관찰<br>표현하기 | ① 도입<br>-우리가 가꾼 텃밭에 어떤 열매가 있는지 이야기한다.<br>② 전개<br>-열매를 관찰한다.<br>-관찰한 열매를 그림이나 글로 정리한다.<br>③ 마무리<br>-각자 그린 그림과 글을 소개한다.<br>영유아들의 관심: 텃밭에 열린 열매를 따서 먹고 싶다는 이야기를 한다. |
| | 과학적<br>탐구<br>도구와<br>기계 활용<br>하기 | 야채로<br>만들어<br>먹어요. | ① 도입<br>-텃밭의 열매로 주먹밥을 만들 때 필요한 도구와 재료에 대해 이야기를 나눈다.<br>② 전개<br>-영유아들이 이야기한 다양한 도구를 이용해 야채를 썬다.<br>-잘게 썬 야채를 비빌 수 있는 도구를 찾아 밥과 비빈다.<br>③ 마무리<br>-완성된 음식을 먹으며 맛에 대해 이야기를 한다.<br>-음식을 만들 때 사용한 도구들을 활용하는 방법에 대해 정리한다.<br>영유아들의 관심: 음식이 맛있다면서 야채를 먹었으니까 더 튼튼해질 거라고 이야기를 나눈다. |
| 신체운동·<br>건강 | 건강하게<br>생활하기<br>바른<br>식생활<br>하기 | 야채를 먹으면<br>뭐가 좋을까? | ① 도입<br>-요리해서 만들어 먹은 주먹밥을 먹으면 우리 몸에 무엇이 좋아질 것 같은지 생각해 본다.<br>② 전개<br>-영상자료를 시청하면서 야채의 영양소에 대해 이야기한다.<br>③ 마무리<br>-각각의 야채가 어떻게 우리 몸을 튼튼하게 하는지 정리한다. |

출처: 서영숙 외(2013).

# 5 ▸ 반일 또는 일일 보육활동 계획 및 실행

반일 또는 일일 보육활동 실습은 보육실습 기간 동안 배우고 익힌 바를 하루 전반에 걸쳐 적용하는 과정이므로 계획안에는 보다 종합적인 내용들이 포함되도록 한다. 보육실습생이 실습하는 반의 주교사로서 하루 동안의 보육일과를 총체적으로 진행하는 경험은 매우 중요하다. 그러나 보육실습 기관의 보육실습 지도 계획, 실습생의 여건, 실습반의 영유아 특성 등을 고려하여 하루 종일의 보육일과 진행 대신에 오전 반나절 동안 반일 보육 실습으로 진행할 수 있다. 따라서 어린이집의 방침을 따른다.

## 1) 반일 또는 일일 보육활동계획안

### (1) 반일 또는 일일 보육활동 계획 시 유의사항

- 주간계획안에서 선정한 활동과 영유아들의 흥미와 활동에 대한 반응 등을 고려하여 작성하되, 그동안 영유아들의 관심과 활동 진행 여부를 토대로 융통성 있게 조정한다.
- 일과운영은 실습반의 평상시 일과를 충분히 반영하여 지도교사의 계획안과 일관성 있게 계획한다.
- 영유아의 흥미와 발달 수준에 적합하되, 개방적이고 융통적인 상호작용을 할 수 있도록 계획한다.
- 날씨변화, 특별한 상황이 발생할 경우를 대비하여 대안적 활동을 준비한다.
- 정리정돈, 화장실 다녀오기, 실내외 이동하기 등을 지도할 때 영유아의

참여를 이끄는 방법, 활동을 전개할 때 주의집중을 유도하는 방법 등에 대한 내용도 계획안에 반영한다.

- 배변 및 손 씻기, 간식·식사 지도, 정리정돈, 이 닦기, 낮잠지도와 같은 일상생활 지도 시 상호작용할 내용이나 지도방법을 진술한다.
- 일과계획 후에는 활동 전반에 대한 평가가 이루어져야 하며 그 결과를 바탕으로 다시 일과계획을 조정하거나 개선함으로써 일과의 계획과 운영 및 평가가 순환적으로 이루어지도록 해야 한다.
- 일과 시간대별로 계획한다. 놀이영역별 교육활동계획안, 실외활동계획안, 대소집단의 활동계획안 등 실습생이 담당할 시간 동안 진행되는 활동에 대해 활동계획안을 포함한다. 이때 실습생이 준비한 교육활동에 대해서만 '활동영역, 활동목표, 활동자료, 활동방법'의 순으로 간략히 기록한다.

### (2) 일일 보육활동 수업 실행 과정

- 일일 보육활동 수업 계획서를 작성한다.
- 일일 보육활동 수업 내용에 따라 교수 학습자료를 준비한다.
- 생활 주제와 관련된 모든 정보를 수집한다.
- 실제 수업을 연습한다.
- 영유아와의 상호작용을 위한 질문 방법을 연습한다.
- 놀이 지도를 적절하게 하기 위한 교사의 개입방법 연습이 필요하다.

## 2) 일일 보육활동계획안 작성의 예시

놀이영역별 교육활동은 일일 보육활동계획안에 함께 작성하여 첨부한다. 예를 들면 오전실내놀이 중 언어영역, 역할·쌓기영역만 실습생이 계획한 활동이라면 자세히 기록하고, 기타 활동은 기존에 미리 계획된 활동이 준비되어서 간략히 제시한다.

지도교사는 보육실습생의 일일보육활동 계획안을 검토하여 적절한 조언을 통해 계획을 수정·보완할 수 있도록 한다.

한국보육진흥원(2019)에서 제시한 예시는 다음과 같다.

### (1) 영아반 일일보육계획안 작성 TIP

| 항 목 | 내 용 |
|---|---|
| 실내놀이 시간 | • 하루 총 2시간 이상 배정·운영<br>• 각 반 현원의 50% 이상 등원한 시점부터 배정·운영<br>• 오전 실내놀이는 연속적으로 1시간 이상 배정·운영<br>• 실내놀이 후 정리정돈은 전이시간으로 별도로 배정하는 것이 바람직함 |
| 바깥놀이 시간 | • 0세반은 주 3회 30분 이상 배정·운영<br>• 1~2세반은 매일 30분 이상 배정·운영<br>• 0~1세 혼합연령반은 주 3회 30분 이상 배정·운영<br>• 교사가 계절이나 어린이집의 특성을 고려하여 오전에 30분 이상 또는 오후에 30분 이상 배정·운영<br>• 바깥놀이 후 손 씻기나 화장실 가기를 해야 할 경우 바깥놀이 시간과 구분하여 전이시간으로 배정하여 운영하는 것이 바람직하다. |
| 낮잠시간 | • 영아반은 반드시 낮잠시간을 일과에 반영하여 계획하고 실행한 기록일지에 남기기 |

| | |
|---|---|
| 건강·영양 및 안전교육활동 | • 일과 중에 자연스럽게 경험할 수 있도록 하고 의도적 대집단 활동으로 이루어지지 않도록 유의하여 실행하고 기록하기<br>• 안전교육 활동은 안전교육일지에 기록하는 것도 가능(보육일지에는 활동명만 기록하고 상세한 실행기록은 안전교육일지 참조로 표기) |
| 지역사회연계활동 | • 1~2세반의 경우 2개월에 1회 이상 실행하고 기록 |
| 특별활동 | • 24개월 이상 영아반이 특별활동을 할 경우 12시 이후에 실시하고 기록<br>• 특별활동 보강도 오후시간(12시 이후)에 실시하고 기록 |
| 놀이 평가 및 다음 지원계획 | • 필요시 간단하게 기록 |

## (2) 만 2세 영아반 일일보육계획안 작성 예시(일일보육일지 양식 활용)

2020년 6월 3일 수요일 날씨 : 맑음

| 주 제 | 내 몸을 살펴보아요 | |
|---|---|---|
| 교사의 기대 | 건강한 사람 : 자신의 몸에 관심을 가지고 탐색하여 신체 명칭 알아보기 | |
| 일 과 | 놀이/활동 계획 및 실행·평가 기록 | 놀이/활동 지원계획 |
| 등원 및 통합 보육<br>(7:30~9:20) | • 순차적으로 등원한 영아들을 반갑게 맞이하고 건강상태를 확인함.<br>영아들이 스스로 자신의 물품을 정리할 수 있도록 도움.<br>**[안전교육] 감염병 및 약물의 오용·남용 예방 등 보건위생관리교육 – 안전하게 약 먹기**<br>• 영아가 가져온 약을 정리할 때 "이건 누구 약이에요" 물어보는 영아가 있어 안전하게 약 먹는 방법에 대해 안내하면서 안전교육이 자연스럽게 이루어짐(친구 약 먹지 않기, 약은 맛있는 간식이 아니에요)<br>**[영양교육]** 당근을 잘 먹지 않으려는 영아가 있어 당근이 우리 몸에 좋은 이유를 알려주며 조금만 먹어보도록 권함 | • 투약이 필요한 영아들에게 개별적으로 안전하게 약 먹는 것에 대한 안전교육을 지속적으로 할 것을 계획함. |
| 오전간식<br>(9:20~9:40) | • 간식으로 제공된 당근의 크기를 다르게 하여 제공하였더니 제공된 양만큼 잘 먹는 모습을 보임 | 물비누, 종이타월<br>오전간식: 고구마, 우유 |

| | | |
|---|---|---|
| 오전 실내놀이<br>(9:40~10:50) | **[쌓기] 블록으로 내 몸을 만들어요**<br>• 블록으로 내 몸 만들었던 사진을 쌓기영역에 제시하였더니 영아가 사진에 관심을 보이고 놀이가 지속적으로 이루어지는 모습이 관찰됨. 지난번 놀이 시 공간의 제약이 있어 놀이 공간 확장을 지원해 주었더니 영아들끼리 "내가 몸 해 줄 테니까 너가 누워봐"라며 넓은 공간에서 활발하게 놀이가 이루어짐. 블록으로 만든 몸 모양을 보고 "이거 고양이~ 고양이 같은데"라고 하며 함께 만든 몸 구성물에 대한 감상이 이루어짐.<br>**[언어] 동화 '콧구멍을 후비면'**<br>• 언어영역에 제시된 동화 '콧구멍을 후비면' 책을 교사에게 가져와 읽어 달라고 하는 영아와 그림책을 함께 봄. 그림책에 나오는 신체의 각 부위를 이야기하면서 신체부위에 자연스럽게 인지할 수 있었음. | • 새로 제시해 준 그림책을 서로 보려고 하여 그림책의 수를 더 준비하여 제시해 줄 것을 계획함. |
| 정리정돈<br>(10:50~11:10) | • 놀잇감 정리, 화장실 다녀오기, 바깥놀이 나갈 준비하기<br>• 놀이를 계속하고 싶어 하는 영아가 있어 놀이시간을 좀 더 주었더니 잠시 후 자발적으로 정리하는 모습을 보임. | |
| 바깥 놀이<br>(11:10~11:50) | **모래 위에서 손, 발도장을 찍어요**<br>**(대체활동 : '요기, 저기' 노래를 듣고 친구를 찾아봐요)**<br>• 새벽에 온 비로 인해 모래가 촉촉해져 어제 형태가 잘 나오지 않았던 손, 발도장 모양이 선명하게 나옴. 신발 바닥의 다양한 무늬가 찍히는 것에 관심을 갖는 모습이었고, 친구와 나의 발바닥 무늬가 다름을 탐색함. | • 날씨가 더워짐에 따라 모래놀이 시 그늘막에서 놀이를 하도록 안내하여 영아의 건강에 유의하도록 해야겠음. |
| 점심식사 및<br>이 닦기<br>(11:50~12:50) | **점심식사 후 이 닦기**<br>• 점심 메뉴에 야채와 샐러드 종류가 많아서 점심 먹는 것을 어려워함. 오후 간식을 충분히 제공해 줄 것을 계획함.<br>• 식사 후 투약을 하는 영아들에게 안전하게 약 먹는 안전교육이 이루어짐. | |
| 낮잠 및 후식<br>(12:50~14:00) | • 자신의 이부자리를 찾아 누워 자장가를 들으며 낮잠을 잠.<br>• 영아가 잠자는 동안 불편한 점이 없는지 살펴보면서 영아의 낮잠을 도움. | |
| 낮잠 깨기 및<br>정리정돈<br>(14:00~14:10) | • 자고 일어난 영아의 건강상태와 발열 체크하며, 영아와 함께 이부자리를 개어봄.<br>• 화장실 사용과 손 씻기. | |

| 오후간식<br>(14:10~14:30) | • 점심을 잘 먹지 않았던 영아들이 스파게티를 좋아하여 충분히 제공함. | |
|---|---|---|
| 오후 실내놀이<br>(14:30~15:40) | [역할] 토닥토닥 친구를 안마해요.<br>→ 병원놀이해요.<br>• 오전에 개별적으로 안전교육을 받은 영아들이 약에 대해 관심을 갖고 병원놀이를 진행함. "○○이 어디 아프니?", "열이 나네~ 주사 맞고 약을 먹어야겠다"라고 하면서 인형을 가져와 열을 재고 주사를 놓은 후 약을 먹이며 놀이함. 영아가 교사에게 다가와 "선생님 이 약은 아가꺼라서 아가만 먹어야 돼요"라고 이야기함. 영아가 안전교육 내용을 인지하고 있음을 알 수 있었음.<br><br>**[쌓기] 블록으로 내 몸을 만들어요**<br>→ 와플블록으로 선물상자를 만들어요<br>• 어제 쌓기놀이 공간 부족으로 쌓기영역의 공간을 확장해 주어 놀이가 이루어지도록 함. 와플블록을 연결해 정육면체를 만든 후 와플블록 안에 다양한 놀잇감을 넣어 선물상자라고 이야기하며, 스카프를 가져와 교사에게 포장을 도와 달라고 하여 스카프로 블록 포장을 지원해줌. 포장한 블록을 들고 친구에게 선물하는 역할놀이가 연계되어 이루어짐. | |
| 귀가지도<br>(15:40~16:00) | • 내일도 즐겁게 등원할 수 있도록 격려함. | |
| 연장(통합) 보육<br>(16:00~18:30) | • 연장반 보육일지 참고 | |
| 반 운영<br>특이사항 | • 코로나19로 인해 긴급보육 실행함. | |

* 이 어린이집 만 2세반의 경우 희망 등·하원 시간 수요조사 결과, 가장 일찍 오는 영아가 07:30분이었고, 가장 늦게 귀가하는 영아가 18:30분이어서 일과가 07:30~18:30분으로 계획되었음. 각 어린이집의 영아반 하루 일과는 희망 등·하원 시간 수요조사 결과를 반영하여 수립하도록 함
* 16:00시에 기본반 영아들이 귀가하고 연장반 영아들은 16:00시 이후 연장반 보육을 받고 그 내용은 연장반 보육일지에 기록함
* 사진은 교사가 필요하다고 판단될 경우 삽입하고 사진을 반드시 넣을 필요는 없음

## (3) 유아반 일일보육계획안 작성 TIP

| 항 목 | 내 용 |
|---|---|
| 실내놀이 시간 | • 하루 총 2시간 이상 배정·운영<br>• 각 반 현원의 50% 이상 등원한 시점부터 배정·운영<br>• 오전 실내놀이는 연속적으로 1시간 이상 배정·운영<br>• 실내놀이 후 정리정돈은 전이시간으로 별도로 배정하는 것이 바람직함 |
| 바깥놀이 시간 | • 3~5세 유아반은 하루 1시간 이상 배정·운영<br>• 교사가 계절이나 어린이집의 특성 등을 고려하여 오전에 또는 오후에 1시간 이상 연속적으로 배정·운영하거나, 오전 30분 이상, 오후 30분 이상 배정·운영해도 됨<br>• 바깥놀이 후 손 씻기나 화장실 가기를 해야 할 경우 바깥놀이 시간과 구분하여 전이시간으로 배정하여 운영하는 것이 바람직함 |
| 낮잠시간 | • 만 3세반까지는 반드시 낮잠시간을 일과에 반영하여 계획하고 실행한 기록 일지에 남기기<br>• 만 4~5세는 낮잠을 자도 되고 안 자도 됨. 휴식시간을 계획·운영해도 됨 |
| 건강·영양 및 안전교육활동 | • 유아가 일과 중에 자연스럽게 경험한 활동이나 교사가 계획하여 제시한 활동을 실행하고 기록하기<br>• 안전교육활동은 안전교육일지에 기록하는 것도 가능(보육일지에는 활동명만 기록하고 상세한 실행기록은 안전교육일지 참조로 표기) |
| 지역사회연계활동 | • 월 1회 이상 실행하고 기록 |
| 특별활동 | • 특별활동을 할 경우 12시 이후에 실시하고 기록<br>• 특별활동 보강도 오후시간(12시 이후)에 실시하고 기록 |
| 놀이 평가 및 다음 지원계획 | • 필요시 간단하게 기록 |

출처: 서영숙 외(2013).

## (4) 만 5세 유아반 일일보육계획안 작성 예시(일일보육일지 양식 활용)

2020년　3월　23일　월요일　날씨 : 맑음

| 주 제 | 친구 | |
|---|---|---|
| 교사의 기대 | 더불어 사는 사람 : 친구와 서로 도우며 사이좋게 지내기 | |
| 일 과 | 놀이/활동 계획 및 실행·평가 기록 | 놀이/활동 지원계획 |
| 등원 및 통합 보육<br>(7:30~9:20) | • 순차적으로 등원한 영아들을 반갑게 맞이하고 건강상태를 확인함. | |
| 오전간식<br>(9:20~9:40) | • 오렌지의 상큼한 맛이 비타민 C와 관련이 있음을 안내하자 유아들이 맛보려고 하며 자연스럽게 맛있게 먹어보는 모습이 관찰됨. | |
| 오전 실내놀이<br>(9:40~10:50) | **[쌓기] 어린이집, 우리 반 구성하기**<br>→ [쌓기] 어린이집 가는 길 구성하기<br>• 도로 블록을 이용해 먼저 길을 구성하는 놀이가 이루어짐. 자동차를 가지고 도로를 달려보는 놀이가 반복적으로 이루어지다가 목적지에 가는 상황을 설정하여 놀이하는 모습이 관찰됨. 한 유아가 "어디로 간다고 하지?" 하고 말하자 유아들이 건물벽돌블록을 이용해 마트, 빵집, 경찰서 등을 세우며 자유롭게 길을 구성해 보았음. 도로의 끝에 다 닿자 한 유아가 "어린이집에 왔지!" 하고 말하며 어린이집 블록을 세우자 다른 유아들도 즐거워하며 함께 놀이하였음.<br>• 건물의 모습이 그려져 있는 벽돌블록을 이용해 도로 주변을 꾸미고 자연스럽게 마을을 구성해 보는 놀이까지 확장되어 이루어짐.<br><br>**[역할] 친구와 함께 하는 역할놀이**<br>• 역할놀이영역에 제시되어 있는 모자, 신발 등 다양한 의상을 입어보고 거울을 보는 놀이가 관찰됨. 모자를 쓴 유아들이 여행을 가고 싶다고 표현하고 자신의 모습을 사진으로 담고 싶어 하여 교사가 사진을 남겨줌. 사진으로 여행을 간 것 같은 배경을 만들어 보여주니 유아들이 무척 즐거워하며 다양한 역할의상을 입어보는 놀이를 하였음.<br>• 사진을 이용해 유아들이 역할의상을 입어본 모습을 재미있게 제시해 주었음. 유아들이 무척 즐거워하며 반복적으로 역할의상을 입어보고 탐색하며 역할놀이가 이루어짐. | • 유아들의 놀이를 지지하여 실제 어린이집에 오는 길에 있는 가게들은 무엇이 있는지 이야기 나누어 보는 경험을 놀이로 표현해 볼 수 있도록 지원해 주고자 함. |

| | | |
|---|---|---|
| 정리정돈<br>(10:50~11:10) | • 실외놀이터에 나가게 될 것을 안내하고 미리 화장실을 다녀올 것을 안내함. 화장실에 다녀온 후 옷매무새를 정리하기 어려워하는 유아는 교사의 도움을 받아 옷을 단정히 정리해 봄 | |
| 바깥놀이<br>(11:10~11:50) | **어린이집 주변 자연물 탐색하기 / 자전거 타기**<br>**(대체활동 : 탱탱볼을 이용한 놀이)**<br>• 몇몇 유아들은 자전거를 타면서 방향이동을 어려워하거나 페달을 밟고 힘 있게 달리는 것을 어려워하는 유아가 있었음. 각 유아들의 신체발달 수준이 상이하여 자전거 타기 활동 시 다소 위험한 상황이 관찰됨. 교사가 유아의 발달을 고려하여 뒤에서 밀어주거나 페달 굴리는 방향을 안내하며 도와줌. | • 내일 자전거 타기 활동 시 색테이프를 이용해 오가는 길을 표시하여 보다 안전한 신체활동이 될 수 있도록 도와주고자 함. |
| 점심식사 및 이 닦기<br>(11:50~12:50) | • 점심식사 후 이 닦기<br>• 골고루 먹어보려 노력하는 유아를 칭찬으로 격려함. | |
| 오후 실내놀이<br>(12:50~13:50) | **[역할] 친구와 함께하는 역할놀이**<br>• 역할영역 테이블에 있던 테이블보를 이용해 방을 구성하고 역할놀잇감으로 방 안을 꾸미는 놀이가 이루어짐. 물건이 많아지자 서로 갖고 싶은 것을 교환하였는데 교환하던 유아들이 서로 물건을 사고파는 가게놀이로 놀이를 변형함. 물건가판대를 가지고 와서 물건을 놓고 가게놀이가 다시 이루어짐. 물건을 사고파는 과정에서 지폐가 부족함을 표현함. 어떻게 하면 좋을지 질문하자 유아들이 직접 지폐를 만들어 놀이하고자 함.<br>• 놀이 배경을 설정하였던 유아들이 놀이를 하다 보니 자신들에게 더 흥미로운 놀이로 변형하여 자연스럽게 새로운 놀이를 시작하였음.<br><br>**+ [미술] 가게놀이에 필요한 물건 만들기**<br>• 색종이와 이면지를 이용하여 지폐를 만들어 봄. 화폐의 단위를 정확하게 알지 못하여 교사가 지폐 이미지를 제공하여 줌. 유아들이 지폐 이미지를 탐색하고 1000원, 5000원 등의 단위를 적어 만들어 봄. "동전도 만들어야지!" 하고 말하며 동전을 그린 후 가위로 오려 동전을 완성함. 완성한 지폐를 가지고 다시 역할영역으로 이동하여 물건을 사고파는 가게놀이를 하였음.<br>• 지폐를 만드는 과정에서 종이의 크기를 너무 크게 하거나 동전을 너무 작게 만들어 지갑에 넣고 사용하기 불편한 모습이 관찰되었음. | • 미술영역에 제시되어 있는 원모양 펀치나 언어영역에 있는 자투리 종이를 이용해 지폐를 좀 더 쉽고 효율적인 방법으로 만들 수 있음을 안내해 주고자 함. |

| | | |
|---|---|---|
| 정리정돈<br>(14:00~14:10) | • 유아들이 자발적으로 정리하는 모습이 보여 칭찬으로 격려함. | |
| 오후간식<br>(14:10~14:30) | • 오후 간식을 먹은 후 손과 입 주변을 청결하게 함 | |
| 활동<br>(14:30~15:00) | **[특별활동] 체육**<br>**코로나로 인해 특별활동이 실행되지 않고 실내놀이를 실행함.** | |
| 오후실내놀이<br>(15:00~15:40) | **+ [미술] 공주 그림 그리기**<br>• 지난주 평가로 새롭게 추가해 주었던 사람 일러스트 도안책을 가지고 와서 그림 그리기 놀이가 이루어짐. 뒤페이지에 추가로 요정, 공주와 같은 이미지를 제공해 두었음을 발견한 유아들이 공주 그림을 반복하여 그려봄. 도안과 똑같이 그려보는 유아도 있었고, 자신만의 생각으로 그리면서 도안을 참고하여 그리는 유아도 관찰됨. 지난주보다 세밀하게 그리게 된 것을 보며 칭찬으로 격려함.<br>• 사람 일러스트 도안을 추가로 제공하고 난 뒤로 꾸준히 놀이해 보는 모습이 관찰되었음. 늘 같은 머리모양이나 드레스를 그리던 유아들이 일러스트 그림을 살펴보며 다양한 머리모양에 도전하고 다른 디자인의 드레스를 그려보면서 자신의 작품에 성취감을 느끼는 모습을 보임 | |
| 귀가지도<br>(15:40~16:00) | • 연장반 보육실로 안내하고 일과 변화에 대해 이야기 나누어 안정감을 가지고 지낼 수 있도록 격려함.. | |
| 연장(통합) 보육<br>(16:00~18:30) | • 연장반 보육일지 참고 | • 연장반 보육일지 참고 |
| 반 운영<br>특이사항 | • 코로나19로 인해 긴급보육 실행함. | |

출처: 한국보육진흥원(2019).

## 3) 일과운영 계획

### (1) 일과운영 계획의 기본원리

- 각 보육실습기관의 교육철학에 근거해야 하며 영유아 개인이나 담당 학급의 요구를 반영한다.
- 일과 활동계획 속의 일정한 시간은 식사, 간식, 배변, 휴식 등과 같이 영유아의 신체적 욕구를 해결하는 시간을 반영한다.
- 일과 활동계획을 계획하고 운영할 때 어떠한 프로그램이든지 활동의 내용과 순서는 균형을 이루도록 하여 영유아들이 정서적으로 편안함을 느끼도록 한다.
- 일과 활동계획은 일관성 있는 흐름을 지니도록 한다.
- 일과 활동계획은 여러 유형의 상호작용이 고루 일어날 수 있도록 계획한다.
- 일과 활동계획은 융통성 있게 운영한다.
- 영유아는 스스로 계획을 세우고 목표를 설정하며 주도성을 갖는 시기이므로 놀이를 계획하고 실행하고 평가하는 시간을 충분히 포함하도록 한다.

### (2) 2세 미만 영아를 위한 일과운영 계획의 기본원리

영아의 경우 일과운영 계획의 기본원리 외에도 다음과 같은 사항을 고려한다.

- 하루의 일과는 영아의 개인적 요구, 영아집단의 요구, 교사의 목표, 교

육기관의 정책 등을 반영하면서 균형을 맞출 수 있어야 한다.

- 하루의 일과는 연간 계획에서 월별, 주간별 주제를 기초로 하여 계획하고 운영하여야 한다.
- 영아의 발달과 흥미를 중심으로 일과 순서를 정하고 일일 계획을 세워서 각 활동시간대에 이루어지도록 활동에 대한 계획이 있어야 한다.
- 사전에 영아의 배변시간이나 낮잠시간 등의 생리적 시간표를 파악하여 일과 계획 및 운영에 참고한다.
- 하루 일과는 일상생활, 놀이시간, 정리정돈, 간식, 낮잠, 집단활동, 실외놀이 등을 포함하여 영아 개개인에게 맞게 융통성 있게 계획해야 한다.
- 교육활동과 일상적 생활을 구분하지 않도록 하고 신체적 욕구 충족을 위한 활동과 일상생활 속에서 놀이를 중심으로 한 활동을 함께 운영하도록 해야 한다.
- 조용한 활동과 동적 활동, 개인활동과 집단활동, 실내놀이와 실외놀이 등이 다양하고 균형 있게 계획되도록 한다.
- 교사와 영아, 영아와 영아, 영아와 교구 등 여러 유형의 상호작용이 일어날 수 있도록 계획하되, 계획을 효과적으로 수행하기 위해서는 활동을 수행해 본 후 평가하고 재조정해야 한다.
- 영아들이 심리적으로 안정감을 가질 수 있도록 계획하여야 한다. 영아들이 처음 적응하는 시기에는 가능한 일과를 간단히 계획해야 한다.

## 4) 하루일과 운영에 따른 일상생활 지도

실습생은 하루일과 운영에 따른 일상생활 지도에 대한 계획을 상세화하여 체계적이고 실제적인 실습이 이루어지도록 대비해야 한다.

### (1) 영아반과 유아반의 일상생활 지도의 예시

<table>
<tr><th>영역</th><th>영아반</th><th>유아반</th></tr>
<tr><td>준비</td><td colspan="2">• 활동시작 전 10분 전에 보육실을 점검한다.<br>– 각 영역별 자료들은 제자리에 있는가?<br>– 보육실 내 일반적인 자료(쓰레기통 비우기, 휴지, 수건 등) 상태는 어떠한가?<br>– 놀잇감은 안전하게 놓여 있는가?<br>• 교실을 환기하고 정리한다.</td></tr>
<tr><td>등원</td><td colspan="2">• 영유아의 이름을 부르고 '안녕하세요?' 인사하며 반갑게 맞이한다.<br>• 영유아의 상태를 시진한다(기분, 건강, 청결 상태).<br>• 자신의 겉옷과 소지품을 정리할 수 있도록 돕는다.</td></tr>
<tr><td>오전<br>오후<br>간식</td><td>• 간식 전 손 씻는 것을 돕는다.<br>• 자리 안내 및 턱받이 등 준비를 돕는다.<br>• 영아 옆에서 혼자 힘으로 먹을 수 있도록 격려한다.<br>• 간식 그릇을 정리할 수 있도록 돕는다.</td><td>• 오전 간식이 유아의 수만큼 준비되어 있는지 확인한다.<br>• 바른 자세와 식습관 지도를 한다.<br>• 유아 스스로 먹은 공간을 정리하도록 돕는다.</td></tr>
<tr><td>정리<br>정돈</td><td>• 사전에 놀잇감을 조금씩 정리하면서 정리시간이 다가옴을 알려준 후 정리노래를 통해 정리시간이 되었음을 알린다.<br>• 정리도 놀이처럼 접근하여 놀잇감의 위치를 찾아 정리하도록 유도한다.</td><td>• 쌓기·역할 영역 등 활동자료가 많은 곳은 5분 전 정리정돈 시간을 예고한다.<br>• 유아들의 할 일을 적당히 배분하여 책임감 있게 정리정돈할 수 있도록 한다.<br>• 모두가 참여하도록 교사가 적극적으로 돕는다.</td></tr>
</table>

| 영역 | 영아반 | 유아반 |
|---|---|---|
| 기저귀 갈이 | • 개별적으로 영아의 이름을 부르며 손 씻기 및 기저귀 갈이를 한다.<br>• 손 씻기와 기저귀 갈이의 상황을 긍정적인 언어표현으로 격려하며 편안한 분위기를 조성한다. | |
| 바깥놀이 | • 사전에 놀잇감을 점검하고 준비한다.<br>• 겉옷과 신발 신는 것을 돕는다.<br>• 자연물 탐색활동에 적극 참여한다. | • 안전을 위하여 소그룹 또는 차례로 나갈 수 있도록 한다.<br>• 유아 전체가 보이는 곳에서 놀이에 참여한다.<br>• 놀이 후 주변을 스스로 정리하도록 한다(휴지 줍기, 물 잠그기 등). |
| 점심 | • 자리 안내 및 턱받이 등 준비를 돕는다.<br>• 영아 옆에서 혼자 힘으로 먹을 수 있고 어느 정도 지저분한 것은 용납한다.<br>• 거부하는 음식의 경우 지도교사와 협의하여 양을 조절해 주거나 천천히 먹을 수 있도록 한다. | • 도우미인 유아와 함께 점심을 준비한다.<br>• 식단의 내용을 이야기하며 바른 식습관 지도를 돕는다.<br>• 혼자 먹을 수 있도록 격려하며, 식사 후 주변을 정리할 수 있도록 한다. |
| 낮잠 및 휴식 | • 영아의 이름을 부르며 개별적으로 이 닦기, 손 씻기, 화장실 가기 등 낮잠을 위한 준비를 한다.<br>• 영아가 낮잠을 잘 공간을 사전에 점검하고 아늑하고 편안한 분위기를 만든다.<br>• 영아 스스로 자신의 이불을 찾아보도록 한다. | • 스스로 낮잠을 준비할 수 있도록 한다.<br>• 낮잠을 거부하는 유아는 별도의 조용하고 편안한 공간을 마련하여 휴식할 수 있도록 한다.<br>• 낮잠 및 휴식 후 스스로 신변을 정리할 수 있도록 한다. |
| 귀가 지도 | • 지도교사보다 먼저 학부모를 맞이하고 영아의 상태를 전달하지 않도록 주의한다. | • 귀가지도 전에 지도교사와 유아의 놀이 상황에서 발생한 특이사항을 전달한다. |

출처: 한국보육진흥원(2013: 67).

## (2) 놀이영역별 보육활동 지도의 예시(영아반)

| 영역 | 보육활동 지도 |
|---|---|
| 쌓기 | • 다양한 블록으로 여러 가지 구성물을 만들 수 있도록 격려한다.<br>• 블록 중 날카로운 부분이 있는지 살펴보고, 소품이 작게 분해되는지 확인한다.<br>• 블록을 높게 쌓거나 길게 놓아 다른 영역으로 확장되어 갈등상황이 발생되지 않도록 적절한 상호작용과 환경을 제공한다. |
| 역할 | • 놀이하면서 조금씩 정리할 수 있도록 한다.<br>• 영아와 함께 가작화 놀이에 참여한다(엄마·아빠 되어 보기 등).<br>• 영아와 놀이하면서 스스로 자립하는 기술을 연습할 수 있도록 돕는다(예: 물 따르기, 신발 신기 등). |
| 언어 | • 교사의 무릎에 앉혀 읽어주며 2~3명의 소그룹으로 책을 본다.<br>• 책을 읽어줄 때 조용하면서 다양한 목소리로 영아의 흥미를 유발하며 영아의 이야기에 관심 있게 반응한다.<br>• 그림을 보고 사물의 이름을 가르쳐 주기보다 간단한 질문과 이야기로 격려한다. |
| 미술 | • 다양한 미술 재료를 탐색할 수 있도록 기회를 제공한다.<br>• 영아의 끼적거리기에 무조건의 칭찬보다는 구체적인 부분과 행동을 격려한다.<br>• 영아의 작품에 이름을 써 주며 자기 작품임을 알도록 한다. |
| 탐색·조작 | • 정적이고 개인적인 활동이 많으므로 놀잇감 개수를 2개 이상 제공한다.<br>• 영아 스스로 탐색하고 조작할 수 있도록 유도한다.<br>• 영아의 탐색 조작활동에 언어적 확장을 돕는다. |
| 신체 | • 다양한 신체활동에 함께 참여한다.<br>• 영아의 다양한 신체움직임을 언어적으로 표현해 주며 격려한다.<br>• 신체활동을 하는 공간과 놀잇감의 안전성을 점검한다. |
| 음률 | • 음률 활동에 함께 참여한다.<br>• 함께 노래 부르기를 장려하나 강요하지 않도록 주의한다.<br>• 노랫말에 영아의 이름을 넣거나 일상생활과 관련한 가사로 개사하여 노래와 친숙하게 한다. |

출처: 한국보육진흥원(2013: 68).

### (3) 놀이영역별 보육활동 지도의 예시(유아반)

| 영역 | 보육활동 지도 |
| --- | --- |
| 쌓기 | • 유아들 간의 의견 차이와 신체적 접촉이 많이 발생하므로 전체를 바라볼 수 있는 위치에서 주의 깊게 관찰한다.<br>• 유아들이 선호하는 놀이를 제안하여 유아들과 함께 참여한다.<br>• 블록을 서로 나누고 공유할 수 있도록 놀이규칙에 대해 숙지한다.<br>• 다양한 블록을 선택하여 놀이할 수 있도록 한다. |
| 역할 | • 유아-유아와 유아-교사 간의 상호작용의 기회를 다양하게 제공한다.<br>• 성역할을 고정하는 일이 없도록 한다.<br>• 일상의 경험을 재현하거나 상상놀이가 다양하게 나타날 수 있도록 한다.<br>• 필요한 역할소품은 다른 영역과 연계하고 제작하여 사용할 수 있도록 한다. |
| 언어 | • 카세트 및 CD플레이어의 사용법을 알고 스스로 조작할 수 있도록 한다.<br>• 언어자료를 함께 보며 교사는 다양하고 정확한 어휘로 말한다.<br>• 다양한 내용과 재질의 인쇄물에 제목이 보이도록 제시한다.<br>• 여러 가지 쓰기 재료와 도구를 제시하고, 쓰기에 자유롭게 참여하도록 하며, 강요하거나 철자법, 띄어쓰기 등의 규칙에 위축되지 않도록 한다. |
| 미술 | • 어려운 미술 기법을 요구하기보다 자유롭게 자신의 감정을 표현할 수 있도록 한다.<br>• 다른 친구의 작품과 비교하지 않도록 한다.<br>• 도움을 요청할 경우 유아 스스로 하도록 유도하면서 유아가 할 수 있는 부분을 찾아 기회를 제공한다.<br>• 활동이 끝난 후에는 스스로 주변을 청결히 할 수 있도록 한다. |
| 탐색·조작 | • 유아의 발달 수준에 맞는 상호작용과 방법을 제시한다.<br>• 교구 제작 시 시각적으로 매력적으로 제작하여 유아의 참여를 높인다.<br>• 지식 전달 위주의 활동이 아니라 관찰, 실험, 문제해결, 비교하기, 의사소통 등의 과정에 초점을 두고 지도한다.<br>• 조작하는 놀잇감과 실험도구의 안전성을 점검하도록 한다. |
| 음률/신체 | • 유아의 즉흥적 표현을 장려한다.<br>• 기술적인 측면에 관심을 갖기보다는 다양한 음악적 경험과 표현을 즐길 수 있도록 한다.<br>• 다양한 리듬감, 음색, 질 등을 제공한다(재즈, 클래식, 국악 등). |

출처: 한국보육진흥원(2013: 69).

## 5) 교육활동에 대한 평가 및 조언

실습생은 교육활동 실습에 대한 자기평가를 통해 추후 개선이 요구되는 사항을 구체적으로 진술함으로써 반성적 사고를 하고 지도교사는 이에 대해 적절한 조언 및 평가를 한다(보육진흥원, 2013: 70).

### (1) 일일 보육활동 수업에 대한 실습생의 자기평가

실습생은 활동목표의 성취 여부와 교육활동 실습을 하면서 느낀 소감을 기록하고, 계획했던 것보다 잘 진행되었던 내용, 예상했던 바와 다르게 전개된 내용 등을 진술하고 그 원인과 해결방안을 분석해 기술한다. 이러한 계획과 실행에 대한 반성적 사고를 통해 교사로서의 자신의 자질이나 능력을 스스로 평가해 보도록 한다.

### (2) 지도교사의 조언 및 평가

지도교사의 조언 및 평가는 실습생의 교육활동 실습을 관찰하며 평가한 사항, 실습생의 자기평가에 대한 사항 및 추후 교육활동 계획 시 고려해야 할 점 등을 종합하여 조언해 주고 지도교사는 실습생의 교육활동 실습 내용을 평가할 때 다음의 사항에 초점을 두어 평가한다.

| 번호 | 평가 항목 | 상 | 중 | 하 |
|---|---|---|---|---|
| 1 | 교육활동의 목표가 표준교육과정(누리과정)의 내용과 관련해 이를 포함하였고 적절히 성취하였는가? | | | |
| 2 | 교육활동 내용이 주제와 발달수준에 적합하였는가? | | | |
| 3 | 교육활동이 영유아의 흥미와 경험을 충분히 반영하였는가? | | | |
| 4 | 교육활동을 위한 자료 제작과 활용이 적절하였는가? | | | |
| 5 | 교육활동의 전개 방법이 적절하였는가? | | | |
| 6 | 교육활동을 위한 시간 운영이 적절하였는가? | | | |
| 7 | 교육활동의 전후와 교육활동 간 연계가 적절하였는가? | | | |
| 8 | 교육활동 공간의 배치와 집단 구성이 적절하였는가? | | | |
| 9 | 교육활동 시 적절한 상호작용(동기유발, 영유아들의 참여 등)이 이루어졌는가? | | | |

## (3) 교육활동실습에 대한 자기평가와 지도교사의 조언 및 평가 예시

<table>
<tr><td rowspan="2">작성일</td><td rowspan="2">○월 ○○일 ○요일</td><td rowspan="2">결재</td><td>실습생</td><td>지도교사</td><td>원장</td></tr>
<tr><td>㊞</td><td>㊞</td><td>㊞</td></tr>
<tr><td>실습생</td><td>○○○</td><td>지도교사</td><td colspan="3">○○○</td></tr>
<tr><td>반 명</td><td>만 4세 ○○반</td><td>일 시</td><td colspan="3">○월 ○○일 ○요일<br>오전 10:00~10:30</td></tr>
<tr><td>자기평가</td><td colspan="5">오늘 일일수업을 진행했다. 계획했던 것만큼 하루일과나 흥미영역별 활동을 이끌지 못해 아쉬움이 많이 남았다. 지난 흥미영역별 활동 진행 후 느끼고 개선해야겠다고 생각한 점인 자료에 대한 유아들의 왕성한 호기심을 적절히 받아주고, 이를 활동으로 이끌지 못한 것 같다. 또한 유아와의 상호작용이 충분히 이루어지지 않은 점이 아쉬웠다. 흥미영역별로 3번의 활동을 진행해 보고 그동안 선생님들의 상호작용을 관찰하면서 조금은 연습이 되었다고 생각했는데, 계획하지 않은 새로운 상황이 나타났을 때 이에 대처하는 측면이 아직 매우 부족한 것을 많이 느낄 수 있었다. 오늘 진행 중 가장 큰 실수는 내가 계획한 활동을 하고 있던 유아가 그 활동을 하다가 다른 활동으로 옮겨갔을 때 그 유아를 쫓아가며 상호작용하려 한 점이다. 그래서 정작 내 활동에 참여하는 다른 유아들과 충분히 상호작용을 하지 못했다. 내가 만들었던 자료에 대한 집착으로부터 이런 행동이 나온 것 같다. 마치 교구가 유아의 흥미를 이끌어내도록 행동한 것이다.</td></tr>
</table>

| 지도교사 조언 및 평가 | 열심히 준비한 만큼 관심을 보인 유아와 활동을 진행하고 싶었을 것이라 생각합니다. 다른 영역으로 이동하는 유아는 그 활동에 흥미를 잃었다기보다는 이미 자기 나름의 호기심이 충족된 것이라 생각되므로, 그리 마음을 쓰지 않으셔도 됩니다. 선생님 곁에서 활동에 몰입하고 있는 유아는 좀 더 상위수준의 상호작용이 필요하거나, 새롭게 활동에 관심을 보이는 유아는 좀 더 흥미를 이끌도록 해야 하기 때문에 이들에게 집중하여 상호작용해 주시는 것이 필요합니다. |
|---|---|

## 6 ▶ 보육실습일지

보육실습일지는 실습생의 실습 내용을 파악할 수 있고 실습기관의 실습 지도 내용을 알 수 있는 문서이므로 매일 매일 다룬다. 보육실습일지는 실습생의 출근부, 보육실습기관 현황, 보육실습 일정, 연간 및 월간 교육계획안, 매일의 교육일과를 실습한 내용, 교육 활동(영역별, 반일 또는 일일교육활동) 계획안, 가정 연계 및 행사, 보육실습 평가 등으로 구성되므로 이에 준하여 지도교사는 실습생이 작성한 보육실습 일지를 점검하고 지도한다(한국보육진흥원, 2013: 47).

### 1) 보육실습일지 작성

#### (1) 출근부

출근부에는 보육실습 기간과 근무 여부를 기록한다. 무엇보다도 결석, 조퇴 및 지각 사유가 발생할 경우 양성교육기관의 담당자와 보육실습기관의 원장의 사전논의를 통해 결석한 날만큼 보충하여 보육실습 기간 및 시수를 충족시키도록 한다.

결석, 조퇴 및 지각 사유가 인정되는 항목은 다음과 같다.

- 3촌까지 친족 사망
- 학생의 질병 또는 전염병 입원기간 및 치료
- 예비군 훈련

### (2) 보육실습기관 현황

보육실습기관에서 실습생에게 제공해야 할 보육실습기관의 현황 자료는 다음과 같다. 보육현장실습 사전교육 때 미리 제공받도록 한다.

- 설립이념, 소재지 주소, 연락처
- 원장 성명, 연령별 반 수 및 영유아 수, 보육교직원 현황 등
- 연간, 월(주)간 보육활동계획안 및 기타 어린이집프로그램 관련 자료
- 보육실습반의 영유아 연령, 환경구성, 보육교사 대 영유아 비율, 일과 운영 자료 등

### (3) 보육실습 일정

보육실습기관 및 보육실습 지도교사와 실습생 간 의사소통을 원활히 하기 위하여 보육실습 일정을 기록하고 이를 서로 공유한다. 보육실습의 주차별, 요일별 내용은 보육실습기관과 보육실습반의 연령에 따라 다를 수 있으므로 6주 과정으로 구성된 본 교재의 내용을 참조하여 융통성 있게 운영하도록 한다.

## 2) 일일 보육실습일지의 세부 내용

보육실습일지는 날짜, 날씨, 결재, 주제, 소주제, 일과운영에 따른 보육내용, 실습생 소감, 지도교사 조언 등으로 구성되며, 실습지도교사의 세심한 점검 및 지도가 요구된다.

### (1) 날짜, 날씨, 결재

날씨 및 월초·월말, 주초·주말 등의 일정 등은 날씨의 특성과 일과 운영의 관련성을 파악하고, 보육내용을 평가하는 데 중요한 요인이므로 정확히 기록한다. 결재 역시 사실과 다름없이 기록되었음을 증명하므로 실습생, 보육실습 지도교사, 원장이 날인을 필하도록 한다. 보육실습기관의 원장은 실습생의 실습 일지기록과 실습지도교사의 지도사항을 확인하고 점검하도록 한다.

- 실습한 날짜와 요일을 기록한다.
- 날씨의 주된 특성과 일과 운영과의 관련성을 파악한다(예를 들면, 실외활동을 계획했는데 비가 와서 나가지 못하였다면 대체활동을 기록하고 평가 및 유의점에 이유를 기록한다).
- 해당 날짜에 결석한 영유아명을 쓰고, 결석한 이유를 간략하게 기록한다.
- 실습생은 보육실습기관의 원장과 실습지도교사의 지도사항을 확인하고 점검받은 후 결재를 매일 매일 받는다.

### (2) 주제와 소주제

연간 및 월간 보육계획에 명시되어 있는 주제 및 소주제를 기록한다. 주제 및 소주제는 실습 해당반의 연간, 월간, 주간보육활동계획안을 참고한다.

### (3) 일과운영에 따른 보육내용

보육실습일지는 보육실습생에게는 보육실습기간 동안 자신의 보육실습 내용을 기록하고, 자기 평가와 반성적 사고를 하는 공간임과 동시에 실습 지도교사 및 실습기관과 의사소통의 장이라 할 수 있다. 실습지도교사는 참여 실습 시 보육실습생이 보육실습일지 작성 방법에 대해 충분히 숙지할 수 있도록 안내한다. 실습생이 반에서 이루어지는 보육일과 운영을 구체적으로 기록할 수 있도록 지도한다.

실습생은 지도교사에게 사전에 일지작성법에 대해서 안내를 받는다. 과도하게 상세한 기록과 간략한 기록은 실습생의 반성적 사고와 실천적 지식 형성을 방해하므로 매일 점검 받으며 수정 보완해 간다. 보육실습일지 작성으로 인한 에너지 소진은 실습 수행에 있어서 중요한 부분들을 지나치기 쉬우므로 주의한다.

보육내용 기록시 유의점은 다음과 같다.

- 일과 운영 시간 흐름에 따른 보육내용을 기록한다.
- 활동명, 활동목표, 활동방법, 자료 등을 기록하되 보육실습생에게 의미 있었던 바를 구체적으로 기록한다.
- 놀이영역별로 영유아의 놀이 흐름과 실습지도교사 또는 실습생과 영유아와의 상호작용, 활동 참여 정도를 기록한다.

- 놀이영역별로 실습생이 영유아와 놀이를 할 때 같은 활동을 다양한 방법으로 시도하여 놀이를 진행하고 활동방법을 변경하여 기록한다. 같은 활동을 매일매일 나열하는 형식의 기록은 배제한다. 고리 끼우기 활동을 예로 들면 다음과 같다.

<table>
<tr><th>활동명</th><td colspan="2">고리 끼우기(연령의 적합성과 개인차에 의해서 활동명이 달라질 수 있다)</td></tr>
<tr><th>활동목표</th><td colspan="2">활동방법에 따라서 다양하게 기술할 수 있다.</td></tr>
<tr><th rowspan="16">활동방법</th><td rowspan="12">활동 방법의 다양성<br>▷같은 교구를 이용해서 창의적으로 놀이할 수 있도록 유도한다.</td><td>• 고리 하나씩 끼우기</td></tr>
<tr><td>• 둥근 고리로 모양 구성하기</td></tr>
<tr><td>• 징검다리 구성하고 고리 밟기</td></tr>
<tr><td>• 고리를 머리에 쓰거나 얼굴에 대고 역할극 하기</td></tr>
<tr><td>• 운전대 놀이</td></tr>
<tr><td>• 손목이나 발목 등 몸의 일부에 고리 끼워보기</td></tr>
<tr><td>• 고리 높이 쌓기</td></tr>
<tr><td>• 고리 안에 들어가는 물건 찾기</td></tr>
<tr><td>• 고리를 발목에 끼우거나 머리에 올리고 걸어보기</td></tr>
<tr><td>• 고리 던져서 끼우기</td></tr>
<tr><td>• 고리 끼우기를 활용한 게임 만들기</td></tr>
<tr><td>• 고리 대고 그리기</td></tr>
<tr><td rowspan="4">재료의 다양성<br>▷다양한 재료로 놀이를 확장한다.</td><td>• 모양 고리 끼우기</td></tr>
<tr><td>• 촉감 고리 끼우기</td></tr>
<tr><td>• 끈에 고리 끼워보기</td></tr>
<tr><td>• 고리 만들기 및 교실에서 고리 찾기: 볼링 핀에 고리 끼우기</td></tr>
</table>

- 실습지도교사 또는 실습생이 영유아 간 갈등해결 등의 행동지도 내용을 기록한다.
- 급식·간식·낮잠·배변 등의 일상생활 지도와 안전이나 위생, 등하원 관련 내용을 기록한다.

### (4) 보육활동 후 평가 및 조언

보육실습생은 보육활동 후 관찰, 참여, 영유아 지도를 경험하면서 느낀 소감이나 의문사항을 기록하도록 한다. 실습지도교사는 보육실습생이 관찰하고 지도한 내용이나 실습생의 자기 평가 내용을 바탕으로 지도교사 조언을 기록한다. 이때 실습생이 의문점과 보육일과 중 경험한 내용이나 생각을 솔직히 작성할 수 있도록 지도한다. 실습지도교사는 실습생이 지니고 있는 예비교사로서의 강점과 잠재력, 교육기관에서 배운 이론적 내용을 적용하려는 시도, 실습에 최선을 다하며 노력하는 모습 및 열정에 대하여 언급함으로써 자신감을 갖도록 지도한다.

## 3) 연령별 보육실습일지 작성 실제

<table>
<tr><td colspan="2" rowspan="2">보육실습일지</td><td rowspan="2">결재:<br>매일 매일 기록</td><td>실습생</td><td>지도교사</td><td>원장</td></tr>
<tr><td>㊞</td><td>㊞</td><td>㊞</td></tr>
<tr><td>반 명</td><td>만 ○세 ○○반</td><td>일시</td><td colspan="3">2016년 ○월 ○○일 화요일</td></tr>
<tr><td>날 씨</td><td>활동과 관련 있으므로 구체적으로 기록</td><td>결석 영유아</td><td colspan="3">결석유아(결석이유)</td></tr>
<tr><td>주 제</td><td>연간계획서상 해당 월 주제</td><td>소주제</td><td colspan="3">주간보육계획안의 주제</td></tr>
<tr><td rowspan="4">환경 점검</td><td>보육실 환기</td><td></td><td colspan="2">보육실 청결 및 세팅</td><td></td></tr>
<tr><td>(수유용품 및) 물 준비</td><td></td><td colspan="2">영아의 개별소지품 확인</td><td></td></tr>
<tr><td>위생용품 준비</td><td></td><td colspan="2">교사용 물품 보관상태 확인</td><td></td></tr>
<tr><td>전기콘센트, 플러그 정비</td><td></td><td colspan="2">일일보고서 작성 준비</td><td></td></tr>
<tr><td>시간 및 일과</td><td colspan="3">활동계획 및 실행</td><td colspan="2">평가 및 유의점</td></tr>
<tr><td>시간 및<br>활동명</td><td colspan="3">• 주간보육계획안에 계획된 영역별 자유선택활동, 대소집단활동, 실외활동을 해당되는 일과시간에 맞추어 적고 관련 계획을 기록<br>– 활동명<br>– 활동목표<br>– 활동방법 순으로 구체적으로 기록<br>★ 실습생이 영유아와 놀이한 것을 바탕으로 구체적인 활동(3가지 이상)을 기록한다.<br>• 급식, 간식, 낮잠, 등/하원, 씻기 등도 계획하여 기록<br>• 전날의 보육일지 평가를 기초로 활동을 조정하거나 첨가함(보육일과에 맞게 학급별로 기술).<br>★ 보육활동을 실습생이 계획할 경우 계획안을 보육실습일지 뒷부분에 첨부한다.</td><td colspan="2">• 각 활동에 필요한 자료 및 준비물을 각 활동과 연결하여 기록하고, 구체적 사진, 그림 자료 첨부<br>• 일과에 따른 활동 중 일어난 내용과 평가를 기록<br>• 영유아의 관찰기록이 아니라 그 시간에 일어난 활동에 대한 평가여야 함</td></tr>
<tr><td>실습생 평가</td><td colspan="3">• 일과 중에 인상 깊었던 지도교사와 영유아 상호작용에 대한 내용<br>• 하루 일과 중 새롭게 발견한 영유아의 발달적 특성에 대한 내용<br>• 반에서 실습생으로서의 역할과 자세에 대한 자기 평가<br>• 보육활동실습 시 예상했던 대로 되지 않았던 원인 분석 내용<br>• 보육실습 지도교사가 지시한 업무 수행 시 배운 점<br>• 기타 일과 운영 및 상호작용에 대해 궁금한 사항</td><td colspan="2"></td></tr>
</table>

| | | |
|---|---|---|
| 지도교사<br>조언 및 평가 | • 보육일과 중에 새롭게 배웠던 지도교사-영유아 상호작용에 대한 내용<br>• 하루 일과 중 새롭게 발견한 영유아의 발달적 특성 및 흥미에 대한 내용<br>• 반에서 보육실습생으로서의 역할과 자세에 대한 자기 평가<br>• 보육활동실습 시 계획한 대로 실행되지 않았던 원인 분석 내용<br>• 보육실습 지도교사가 지시한 업무 수행 시 배운 점<br>• 기타 일과 운영 및 상호작용에 대해 궁금한 사항 | |

## 4) 연령별 보육실습일지 작성 예시

### (1) 보육실습일지 작성 예시(영아반 만 2세)

<table>
<tr><td colspan="2" rowspan="2">보육실습일지</td><td rowspan="2">결재:<br>매일 매일 기록</td><td>실습생</td><td>지도교사</td><td>원장</td></tr>
<tr><td>㊞</td><td>㊞</td><td>㊞</td></tr>
<tr><td>반 명</td><td>만 2세 ○○반 일시</td><td>일시</td><td colspan="3">2016년 0월 00일 요일</td></tr>
<tr><td>날 씨</td><td>맑음</td><td>결석 영유아</td><td colspan="3">박OO(감기)</td></tr>
<tr><td>주 제</td><td>재미있는 여름이에요</td><td>소주제</td><td colspan="3">물놀이가 재미있어요</td></tr>
<tr><td>시간 및 일과</td><td colspan="2">활동계획 및 실행</td><td colspan="3">평가 및 지원계획</td></tr>
<tr><td>7:30~9:00<br>등원 및<br>맞이하기</td><td colspan="2">• 선생님과 반갑게 인사하기<br>– 교사와 “안녕하세요?”하며 인사 나누기<br>– 언어로 인사를 하기 어려워하는 영아는 교사와 손뼉을 치거나 안아주며 인사를 함.<br>• 내 얼굴이 있는 서랍장에 양말을 넣어요<br>– 영아가 신고 온 양말을 벗어서 서랍장에 정리함<br>– 교사는 영아가 양말을 벗을 수 있도록 끝을 잡아주고, 양말을 서랍장에 정리하면 ‘○○가 양말을 쏙 넣었구나.’하며 격려함</td><td colspan="3">• 영아가 인사에 대한 관심을 가질 수 있도록 다양한 방법으로 인사를 함<br>• 영아가 스스로 양말을 벗을 수 있도록 충분히 기다려 주거나 영아의 발달수준에 따라 적절한 도움을 줌.</td></tr>
</table>

| | | |
|---|---|---|
| 9:00~9:30<br>오전간식 | • 손 씻기 및 오전간식: 골드파인애플, 우유<br>– '손을 씻어요' 노래를 부르며 비누로 거품을 내서 손을 씻음<br>– 손을 씻은 후 핸드 타월에 물기를 닦고 휴지통에 정리함<br>• 골고루 먹어요<br>– '골고루 먹어요' 노래를 부르며 간식의 이름을 알아봄<br>– 간식을 먹으며 간식의 맛, 색깔에 관심을 갖고 이야기해 봄 | • 영아가 비누거품을 깨끗하게 씻을 수 있도록 도와줌<br>• 교사가 노래를 불러주어 영아가 일상생활에 흥미롭게 참여할 수 있었음 |
| 9:30~10:30<br>오전<br>실내놀이 | • 신체놀이: 바다 속 터널 통과하기<br>– 목 표: 몸을 조절하여 터널을 통과해 본다.<br>– 표준보육과정 관련요소: 신체운동 > 신체조절과 기본운동하기 > 기본운동하기 > 걷기, 계단 오르기 등 이동운동을 한다.<br>– 준비물: 파란색 터널, 여러 가지 바다생물 모양<br>– 방 법:<br>1. 바다에 가 본 경험을 이야기해 본다.<br>2. 바다생물들이 붙어있는 터널을 탐색해 본다.<br>3. 터널을 지나가 본다. | • 영아의 개별차를 고려하여 터널 안으로 들어가거나 밖에서 안을 들여다보는 정도로 영아가 원하는 정도까지 놀이를 진행함.<br>• 터널 안에서 다칠 위험이 있으므로 교사는 터널의 앞,뒤에서 영아의 놀이를 관찰해야겠음. |
| | • 언어놀이: 물놀이 물건 퍼즐통<br>– 목 표: 물놀이 경험을 떠올려 말로 표현해 본다.<br>– 표준보육과정 관련요소: 의사소통 > 말하기 > 낱말과 간단한 문장으로 말하기 > 일상생활에서 경험한 새로운 낱말에 관심을 가진다.<br>– 준비물: 원통형 기둥에 5cm 투명 테이프 속심을 끼워 만든 퍼즐통, 다양한 물놀이용품 사진<br>– 방 법:<br>1. 영아가 퍼즐통에 관심을 보이면 함께 이야기 나눈다.<br>2. 물놀이 경험을 떠올리며 사용해 보았던 물놀이용품의 이름을 말해 본다.<br>3. 퍼즐통을 자유롭게 돌려보며 다른 사진 퍼즐도 맞춰 본다. 영아가 시간을 갖고 충분히 퍼즐을 맞출 수 있도록 격려한다. | • 영아가 퍼즐통을 빨리 맞추는 것이 목표가 아니고 충분히 조작해 볼 수 있도록 기다려줌.<br>• 물놀이용품을 사용해 본 경험이 있어 경험을 자유롭게 이야기할 수는 있었으나 물놀이용품의 명칭을 알고 있는 영아는 많지 않았음. 물놀이 용품 사진을 준비하고 반복적으로 명칭을 들려주어야겠음.<br>• 교사가 영아와 이야기하며 새로운 어휘를 들려주고 자연스럽게 접할 수 있도록 도와줌. |

<table>
<tr>
<td rowspan="3">9:30~10:30<br>오전<br>실내놀이</td>
<td>• 감각·탐색놀이: 과일 아이스바 맛보기<br>– 목 표: 영아가 만든 아이스바를 통해 물질의 변화를 탐색한다.<br>– 표준보육과정 관련요소: 자연탐구 > 과학적 탐구하기 > 물체와 물질 탐색하기 > 친숙한 물체와 물질을 능동적으로 탐색한다.<br>– 준비물: 전날 영아가 만든 아이스바<br>– 방 법:<br>1. 전날 아이스바를 만들었던 경험에 대해 이야기를 한다.<br>2. 냉동실에서 아이스바를 꺼내 맛을 본다.<br>3. 과일 아이스바에 들어간 재료, 맛 등을 이야기해 본다.</td>
<td>• 과일에 대한 알레르기반응을 고려하여 사전에 가정에 안내하여 진행해야 함.<br>• 전날 만든 과일 아이스바의 변화에 신기해하고 차가운 아이스바 맛보기에 적극적으로 참여하고 즐거워함.<br>• 다양한 맛의 아이스바를 만들어 보아도 좋을 듯함.</td>
</tr>
<tr>
<td>• 역할·쌓기놀이: 수영 놀이해요<br>– 목 표: 수영해 본 경험을 떠올려 놀이로 표현해 본다.<br>– 표준보육과정 관련요소: 예술경험 > 예술적 표현하기 > 모방과 상상놀이하기 > 일상생활 경험을 상상놀이로 즐긴다.<br>– 준비물: 수영복, 물안경, 튜브 등의 소품<br>– 방 법:<br>1. 수영놀이에 관심을 보이는 영아가 있으면 수영장에 가 본 경험에 대해 이야기한다.<br>2. 수영놀이에 필요한 소품들을 살펴보고 자유롭게 입어 본다.<br>3. 자유롭게 수영놀이를 한다. 준비운동하기, 수영하기, 음식 사먹기 등 영아의 경험을 떠올려 놀이로 표현해 본다.</td>
<td>• 블록으로 수영장을 구성한 후 필요한 소품(파란 천, 튜브 등)을 추가로 제시하여 상상놀이를 촉진해 주어야겠음.<br>• 영아의 흥미도가 높아 놀이에 참여하는 영아가 갑자기 늘어났는데 교사는 영아의 놀이 참여 인원을 제한하기보다는 구성물의 크기에 변화를 주어 융통성 있게 영아들의 놀이 참여를 도와 주어야겠음.</td>
</tr>
<tr>
<td>• 미술놀이: 물로 그림을 그려보아요<br>– 목 표: 다양한 도구를 이용하여 그림 그리기를 즐긴다.<br>– 표준보육과정 관련요소: 예술경험 > 예술적 표현하기 > 자발적으로 미술활동하기 > 간단한 도구와 미술재료를 다룬다.<br>– 준비물: 붓, 물통, 오일파스텔, 물, 영아용 앞치마<br>– 방 법:<br>1. 오일파스텔을 이용하여 영아가 원하는 그림을 자유롭게 그린다.<br>2. 영아가 그린 그림 위에 붓에 물을 묻혀 칠해 본다. 물을 칠했을 때 나타나는 변화에 대해 함께 이야기해 본다.</td>
<td>• 오일파스텔을 이용해 그림을 그리고 물을 칠했을 때 번지는 것을 영아들이 흥미롭게 탐색함. 교사는 영아의 반응을 존중해 주며 영아의 느낌이나 생각을 물어봄</td>
</tr>
</table>

| | | |
|---|---|---|
| 9:30~10:30<br>오전<br>실내놀이 | • 음률놀이: 레인메이커 흔들며 「옷을 빨아보자」 노래 부르기<br>– 목 표: 새로운 노래에 흥미를 느끼며 듣는다.<br>– 표준보육과정 관련요소: 예술경험 > 예술 감상하기 > 아름다움 즐기기 > 자연이나 생활의 소리나, 움직임, 친근한 음악과 춤을 관심 있게 듣거나 본다.<br>– 준비물: 「옷을 빨아보자」 음원, 가사판, 레인메이커<br>– 방 법:<br>1. 자유놀이 시간에 영아의 이름을 넣어 '옷을 빨아보자' 노래를 자연스럽게 들려준다.<br>2. 영아가 노래에 흥미를 보이면 이름을 바꿔가며 노래를 들려주고 레인메이커를 흔들며 함께 불러본다. | • 노래를 한 번에 배우도록 진행하는 것이 아니라 노래에 친숙해질 수 있도록 시간을 충분하게 두고 진행함.<br>• 레인메이커의 특성상 악기의 움직임과 소리에 관심을 갖는 영아들이 많았고 영아마다 반응의 방법이 달랐음.<br>• 교사는 억지로 권유하지 않고 영아가 악기를 자발적으로 탐색할 수 있도록 지켜보면서 진행함 |
| 11:00~11:10<br>정리정돈 및<br>화장실<br>다녀오기 | • 정리정돈<br>– 교사가 영역별로 다니면서 영아 개인별로 곧 정리할 것임을 알려주고 교사는 보육실의 일부를 정리함<br>– 5분 후 정리시간을 알려주고 노래를 부르며 정리를 시작함<br>– '장난감 집 찾기' 놀이를 하며 영역에 놀잇감을 정리함<br>• 배변 후 변기 물 내리기<br>– 교사의 도움을 받아 옷을 벗고 변기에 배변을 함<br>– 배변 후 교사의 도움을 받아 옷을 입고 '쉬야, 안녕'하며 변기 물 내리기를 시도함 | • 배변습관의 차이를 보이는 영아가 있으므로 교사는 적절하게 도움을 줌<br>• 변기 물을 내려 볼 수 있도록 제안하되 어려워하는 영아는 교사가 함께 손을 잡아주는 등의 도움을 주며 성취감을 가질 수 있도록 해야겠음. |
| 11:10~11:50<br>바깥놀이 | • 바깥놀이: 뽀득뽀득 설거지해요<br>– 목 표: 일상의 경험을 놀이로 표현해 본다.<br>– 표준보육과정 관련요소: 예술경험 > 예술적 표현하기 > 모방과 상상놀이하기 > 일상생활 경험을 상상놀이로 즐긴다.<br>– 준비물: 다양한 소꿉그릇, 수세미, 물놀이대<br>– 방 법:<br>1. 물놀이대에 담긴 물을 자유롭게 탐색해 본다.<br>2. 다양한 소꿉그릇을 탐색하며 물을 담고 쏟아본다.<br>3. 설거지 놀잇감을 이용하여 놀이한다.<br>4. 놀이 후 젖은 옷을 갈아입는다.<br>• 정리 및 손 씻기<br>– 놀잇감을 정리하고 비누로 손을 씻음. 바깥놀이 후에는 교사가 손 씻는 것을 한 번 더 도와줌. | • 날씨를 고려하여 바깥놀이를 진행함<br>• 실외에서 물을 이용한 놀이를 하는데 물놀이에 대한 거부감을 보이는 영아들은 다른 놀이를 할 수 있도록 준비해야겠음.<br>• 더운 날씨에 영아들의 건강과 컨디션을 파악하며 놀이를 함<br>• 실외놀이 중 더울 경우 수시로 물을 마실 수 있도록 도와주어야겠음. |

| 11:50~13:00<br>점심 및<br>이 닦기 | • 점심: 쌀밥, 콩나물국, 닭갈비, 우엉채사과무침, 미나리나물, 배추김치<br>– 교사가 '골고루 먹어요' 노래를 불러주어 반찬에 관심을 가질 수 있도록 도와줌. 먹기 힘들어하는 반찬은 양을 조절하여 줌<br>• 이 닦기 및 화장실 다녀오기<br>– 블록놀이, 그림책 보기, 종이에 끼적이기 등 놀이를 하며 자신의 차례가 되면 화장실에서 배변을 함. 교사의 도움을 받아 양치를 함. 스스로 양치컵, 칫솔을 찾으려는 영아들이 많아 스스로 내 물건을 찾아볼 수 있도록 도와줌<br>– 편안하게 낮잠을 잘 수 있도록 옷을 갈아입고 로션을 바름 | • 영아 스스로 이 닦기와 세수하기를 원하여 칫솔에 치약을 짜주고 스스로 해 볼 수 있도록 함.<br>• 교사가 마무리를 도와주고, 거울을 보며 '깨끗하다' 표현함<br>• 거울을 보고 영아가 자신의 얼굴을 보며 로션을 바를 수 있도록 도와주어야겠음. |
|---|---|---|
| 13:00~15:00<br>낮잠 및 휴식 | • 내 이불, 내 베개를 찾아요<br>– 교사가 이불 매트를 준비해 주고, 영아의 이불과 베개는 보육실 한쪽에 차례대로 제시함<br>– '○○는 어디에 있나?' 노래를 부르면서 영아가 스스로 내 이불과 베개를 찾아봄. 교사는 영아에게 이불을 덮어주며 '잘자' 하고 개별적으로 인사를 함 | 편안하게 낮잠을 잘 수 있도록 도와주고 영아가 안정감을 가질 수 있도록 개별적으로 토닥여주거나 낮잠인사를 함 |
| 15:00~15:30<br>오후간식 및<br>화장실 가기 | • 낮잠에서 깨어나기<br>– 낮잠에서 깨면 교사가 개별적으로 다가가 기분 좋게 잠에서 깰 수 있도록 도와줌<br>– 낮잠을 깨기 어려워하는 영아는 조금 더 휴식할 수 있도록 보육실 공간을 마련하여 줌<br>– 교사의 도움을 받아 화장실에서 배변을 함<br>• 손 씻기 및 오후간식: 해물파전, 옥수수차<br>– 해물파전에 있는 오징어에 관심을 가지면서 간식을 먹음 | • 영아를 한 번에 모두 깨우지 않고 일어나는 순서대로 토닥여주며 낮잠에서 깰 수 있도록 도와줌<br>• 이불은 작은 사이즈로 접어주어 영아가 스스로 이불장에 정리할 수 있도록 해야겠음.<br>•간식을 더 먹기 원하는 영아는 '더 주세요'라고 표현하도록 지도함 |
| 15:30~16:00<br>오후놀이 | • 흥미 있는 놀잇감으로 자유롭게 놀이하기 | • 안전하게 귀가할 수 있도록 가방과 옷가지 등 소지품을 정리정돈한다. |
| 16:00~19:30<br>귀가 및<br>통합보육 | • 귀가 및 통합보육<br>– 연장보육반으로 이동한다.<br>– 자유롭게 놀이하다가 부모님이 오면 귀가한다.<br>– 선생님, 친구들과 귀가인사를 나눈다. | 영아의 일과를 안내하고, 특이사항을 보호자에게 전달함 |

| | |
|---|---|
| 실습생 평가 | 손 씻기, 양치, 점심 등의 일과 진행 시에 교사가 노래를 부르자 영아들이 관심을 가지고 참여하는 모습을 볼 수 있었다. 여름휴가를 보내고 온 영아들이 많아 수영장을 만들고 수영놀이를 하는 것에도 관심이 많았으며, 언어 영역에서 물놀이용품 퍼즐통을 보며 물놀이 용품에 대해 알아보는 것에도 관심이 많았다. 더운 날씨이지만 물을 이용한 실외놀이를 하기에 날씨가 적절하였다. 하지만 영아 중에는 물을 거부하는 영아도 있었으며, 쉬고 싶어하는 영아들도 있었다. 교사는 영아의 요구를 알고 적절하게 쉴 수 있도록 도와주었으며, 물을 마시거나 그늘에서 놀이를 할 수 있도록 배려하는 모습이 인상적이었다. |
| 지도교사 조언 및 평가 | 영아는 일상생활 중 형성할 수 있는 생활습관 지도도 중요합니다. 손 씻기, 양치 등 일상생활에 대한 접근을 노래, 손인형, 동화 등 놀이로 하면 흥미롭게 기본생활습관을 형성할 수 있습니다. 실외놀이는 매일 오전과 오후를 합쳐서 1시간 이상 진행되어야 하는 중요한 일과입니다. 날씨(미세먼지, 우천, 폭설, 폭염 등)와 건강상태 등의 이유로 신체활동실에서 대체활동이 진행됩니다. 실외놀이를 진행하기에 적절하다고 판단이 되면 실외놀이를 합니다. 대근육을 이용한 신체활동, 자연물 탐색이 주로 이루어지지만 영아의 개별 컨디션에 맞게 조절되어야 하며, 영아가 그늘에서 쉴 수 있는 공간마련과 혼자 놀이하기를 원하는 영아들의 요구를 반영한 놀이(모래 놀이 등)를 함께 준비해 줍니다. 물놀이를 할 때에는 안전에 특히 더 유의해야 한답니다. 오늘처럼 따듯한 마음으로 관찰을 하면, 영아의 욕구를 알게 되어 상호작용의 실마리를 찾을 수 있답니다. |

출처: 보건복지부. 육아정책연구소, 2016: 246 (일부수정)

## (2) 보육실습일지 작성 예시(유아반 만 3세)

<table>
<tr><td colspan="2" rowspan="2">보육실습일지</td><td rowspan="2">결재:<br>매일 매일 기록</td><td>실습생</td><td>지도교사</td><td>원장</td></tr>
<tr><td>㊞</td><td>㊞</td><td>㊞</td></tr>
<tr><td>반 명</td><td>만 3세 ○○반</td><td>일시</td><td colspan="3">2016년 0월 00일 요일</td></tr>
<tr><td>날 씨</td><td>맑음</td><td>결석 영유아</td><td colspan="3">이OO(감기), 김OO(가족나들이)</td></tr>
<tr><td>주 제</td><td>건강과 안전</td><td>소주제</td><td colspan="3">깨끗한 나와 환경</td></tr>
<tr><td>시간 및 일과</td><td colspan="2">활동계획 및 실행</td><td colspan="3">평가 및 지원계획</td></tr>
<tr><td>7:30~9:00<br>등원 및<br>통합보육</td><td colspan="2">• 등원 및 맞이하기: 등원 후 손 씻고 놀이하기<br>– 등원 후 손을 깨끗하게 씻고 가방 및 소지품을 서랍장에 스스로 정리할 수 있도록 하며 조용한 놀이를 할 수 있도록 함</td><td colspan="3">등원 후 손을 깨끗하게 씻을 수 있도록 안내함. 자신의 소지품을 스스로 정리할 수 있도록 교사의 개별 지도가 필요함.</td></tr>
</table>

| | | |
|---|---|---|
| 9:00~9:20<br>오전간식 | • 오전간식: 천도복숭아, 우유<br>– 화장실에 가서 손을 깨끗하게 씻고 간식을 들고 자리로 이동함. 바르게 앉아 간식을 다 먹은 뒤 스스로 정리함 | 교사는 오늘의 간식 모양과 색깔에 대해 이야기하면서 바른 자세로 앉은 아이들을 격려함. 개별 유아의 이름을 불러주며 즐겁게 간식을 먹을 수 있도록 해야겠음. |
| 9:20~10:50<br>오전<br>실내놀이 | • 쌓기놀이: 쓱싹 쓱싹 청소해요<br>– 목 표: 다양한 청소차에 대해 관심을 갖는다.<br>– 누리과정 관련요소: 신체운동·건강 > 건강하게 생활하기 > 몸과 주변을 깨끗이 하기 > 주변을 깨끗이 한다.<br>– 준비물: 다양한 청소차 사진, 속이 빈 블록, 종이 벽돌 블록<br>– 방 법:<br>1. 미리 게시해 둔 사진을 보며 쓰레기차에 대해 이야기 나눈다.<br>2. 쓰레기차 외에 다양한 종류의 청소차에 대해 이야기 나눈다.<br>3. 블록으로 청소차를 자유롭게 구성한다.<br>4. 청소차로 청소하는 놀이를 한다. | • 블록으로 구성한 청소차의 모양이 실제 청소차의 모양과 다르더라도 유아가 자유롭게 구성할 수 있도록 지지해줌<br>• 미술영역과 연계하여 청소차에 필요한 솔이나 걸레, 물 나오는 호스 등을 만들어서 사용할 수 있도록 하자 유아들이 더욱 흥미를 보이며 적극적으로 참여함. |
| | • 역할놀이: 목욕은 즐거워<br>– 목 표: 아기 목욕을 놀이로 표현한다.<br>– 누리과정 관련요소: 예술경험 > 예술적 표현하기 > 극놀이로 표현하기 > 일상생활의 경험을 극놀이로 표현한다.<br>– 준비물: 아기인형, 목욕놀이용 소품<br>– 방 법:<br>1. 아기인형을 깨끗이 해 줄 수 있는 방법에 대해 이야기 나눈다.<br>2. 아기인형을 목욕시킬 때 필요한 도구를 준비한다.<br>3. 아기인형을 목욕시키는 놀이를 한다. | • 교사가 함께 목욕놀이에 참여하였지만 놀이를 이끌어 가지 않고 유아들이 주도할 수 있도록 함<br>• 놀이가 활성화되면 점차 유아가 스스로 자신의 경험을 표현하며 놀이할 수 있도록 격려함.<br>• 역할놀이영역의 공간이 부족하여 쌓기놀이영역에서 인형 욕조를 만들어 볼 것을 교사가 제안하자 놀이가 확장됨.<br>• 유아들이 아쉬워할 때 교사가 내일 또 목욕탕 문을 열자고 제의함. |

<table>
<tr>
<td rowspan="3">9:20~10:50<br>오전<br>실내놀이</td>
<td>• 언어놀이: 사용법이 달라요<br>– 목 표: 몸을 깨끗이 하는 데 필요한 물건을 안다.<br>– 누리과정 관련요소: 의사소통 > 말하기 > 느낌, 생각, 경험 말하기 > 자신의 느낌, 생각, 경험을 말해본다.<br>– 준비물: 몸을 깨끗이 하는 데 필요한 물건과 그 물건을 어떻게 사용하는지 궁금해 하는 모습의 그림 6장, 몸을 깨끗이 하는 물건을 바르게 사용하는 그림 6장, 육각기둥 1개<br>– 방 법:<br>1. 몸이 깨끗해지기 위해 무엇이 필요한지 이야기 나눈다.<br>2. 유아들의 경험에 대해 이야기 나눈다.<br>3. 육각기둥에 붙여진 그림을 차례로 보면서 이야기한다.<br>4. 몸을 깨끗이 하는 데 필요한 물건의 이름을 알고 알맞은 그림을 스스로 찾아 붙여본다.</td>
<td>• 그림을 보면서 몸을 깨끗이 할 때 필요한 물건에 대해 알아보고 사용했던 경험을 말할 때 대부분의 유아들이 친구의 이야기를 경청함.<br>• 처음에는 육각기둥 1개를 제시하였으나 여러 명의 유아가 참여하자 2개로 추가 제시함<br>• 자신의 경험을 자유롭게 이야기할 때 먼저 말했던 유아의 표현이 그 다음 유아에게도 반복적으로 나타남</td>
</tr>
<tr>
<td>• 수·조작놀이: 제자리에 정리해 주세요<br>– 목 표: 물건을 제자리에 정리한다.<br>– 누리과정 관련요소: 신체운동·건강 > 건강하게 생활하기 > 몸과 주변을 깨끗이 하기 > 주변을 깨끗이 한다.<br>– 준비물: 그림판, 물건 그림(화장실, 주방, 방)<br>– 방 법:<br>1. 그림판을 살펴보며 이야기 나눈다.<br>2. 물건 그림을 살펴보며 이야기 나눈다.<br>3. 그림판의 알맞은 장소에 물건 그림을 붙여 정리한다.</td>
<td>• 물건 그림을 붙이면서 단순히 같은 모양의 그림자에 붙이는 것이 아니라 물건을 정리해야 하는 이유를 알고 사용 장소에 따라 분류해 볼 수 있도록 하였음<br>• 활동 후 다른 친구들도 할 수 있도록 배경판에서 물건 그림을 떼어서 정리해 볼 수 있도록 함</td>
</tr>
<tr>
<td>• 미술놀이: 칫솔 그림 그리기<br>– 목 표: 새로운 도구를 이용하여 그림을 그려본다.<br>– 누리과정 관련요소: 예술경험 > 예술적 표현하기 > 미술활동으로 표현하기 > 미술활동에 필요한 재료와 도구에 관심을 가지고 사용한다.<br>– 준비물: 칫솔, 물감, 도화지, 미술가운<br>– 방 법:<br>1. 우리 몸을 깨끗이 하는 것에 대해 말해 본다.<br>2. 칫솔을 이용하여 그림을 그려본다.<br>3. 도화지에 표현된 그림을 언어로 표현해 본다.</td>
<td>• 도화지에 자유롭게 칫솔을 이용하여 그림을 그릴 수 있도록 제시하였으나 붓처럼 부드럽게 표현되지 않음<br>• 칫솔을 두드려서 솔에서 퍼져나가는 물감의 흐름을 탐색하며 유아가 느끼는 것을 언어로 표현해 볼 수 있도록 격려해 주어야겠음.</td>
</tr>
</table>

| | | |
|---|---|---|
| 9:20~10:50<br>오전<br>실내놀이 | • 음률놀이: 치카 치카 이를 닦자<br>– 목 표: 음악을 듣고, 느낌을 몸으로 표현한다.<br>– 누리과정 관련요소: 예술경험 > 예술적 표현하기 > 음악으로 표현하기 > 간단한 노래를 듣고 따라 부른다.<br>– 준비물: 치과 사진, '치카 치카 이를 닦자' 음원, 치아 모형<br>– 방 법:<br>1. 치과에 다녀온 경험을 이야기 나눈다.<br>2. 노랫말의 의미를 생각해 본다.<br>3. 노랫말 자료를 활용해서 다양하게 불러본다. | • 치과에 다녀온 경험에 대해 이야기 나누면서 노랫말의 의미를 생각해 보았음<br>• 노랫말에 따라 이 닦는 동작을 표현해 보며 이를 깨끗이 닦아야 하는 이유에 대해서도 알아보았음<br>• 바른 양치습관을 위해 연습할 수 있는 구강모형을 준비해 주어야겠음. |
| 10:50~11:00<br>정리정돈 및<br>화장실<br>다녀오기 | • 정리정돈 및 화장실 다녀오기: 사용한 물건 제자리에 정리하기<br>– 내가 사용한 물건을 제자리에 정리하고 오늘 놀이를 하면서 어떤 점이 좋았고 불편한 점은 무엇인지 간단히 평가를 함 | 정리 시간 5분 전에 미리 알려주어 놀이를 스스로 마무리할 수 있도록 기다려 주어야겠음. |
| 11:00~12:20<br>바깥놀이 | • 바깥놀이: 모래 놀잇감을 깨끗이 씻어요<br>– 목 표: 사용한 놀잇감을 정리하는 생활습관을 가진다.<br>– 누리과정 관련요소: 신체운동·건강 > 건강하게 생활하기 > 몸과 주변을 깨끗이 하기 > 주변을 깨끗이 한다.<br>– 준비물: 모래 놀잇감, 물, 플라스틱 대야, 부드러운 수세미<br>– 방 법:<br>1. 모래 놀잇감이 더러워진 것에 대해 이야기를 나눈다.<br>2. 친구와 함께 모래 놀잇감을 물로 씻는다.<br>3. 닦은 모래 놀잇감을 보관할 장소에 대해 이야기 나눈다. | • 모래 놀잇감을 깨끗하게 할 수 있는 방법에 대해 이야기 나누고, 필요한 도구를 찾아 실외놀이터로 이동함<br>• 물을 사용하여 모래 놀잇감을 깨끗하게 닦아보면서 모래가 유아의 눈에 들어가지 않도록 주의를 줌.<br>• 놀잇감 정리시간이 길었고 교사의 도움이 필요하였음<br>• 물에 젖은 모래를 보고 모양찍기 놀이를 하는 유아들이 관찰되었음. 좀 더 다양한 찍기 놀잇감을 제시해 주어야겠음. |

<table>
<tr><td rowspan="2">12:20~13:30<br>화장실 및 점심</td><td>• 정리정돈 및 화장실 다녀오기: 질서 지켜 화장실 사용하기<br>– 바깥 놀잇감을 제자리에 정리하고 보육실로 이동하여 질서를 지켜 화장실을 사용함</td><td>• 대집단 시간에 알아보았던 올바른 손 씻기 순서에 대해 이야기 나누면서 교사가 뽀드득뽀드득 손 씻기 노래를 불러주면서 손을 씻어보았음<br>• 유아들이 손 씻기에 대해 적극적인 관심을 나타내며 깨끗해진 손을 교사에게 확인받으며 즐거워함.<br>• 코로나19 손 씻기의 의미와 방법에 대한 사진을 제시해 주어야겠음.</td></tr>
<tr><td>• 점심식사: 쌀밥, 소고기미역국, 계란말이, 실파무침, 깻잎순나물, 깍두기<br>– 오늘의 점심 반찬을 알아보고 식사예절을 지키며 맛있게 점심을 먹어봄. 식사 후 식당에서 보육실로 이동함<br>• 이 닦기: 이를 닦고 조용한 놀이를 하며 휴식을 취함</td><td>• 반찬의 이름을 알아보며 맛있게 점심을 먹음<br>• 식사를 마치고 보육실로 이동 전 영양사, 조리사님께 감사의 인사를 함. 식사를 마친 유아들은 보육실로 이동하여 개별적으로 이를 닦고 휴식을 취할 준비를 함</td></tr>
<tr><td>13:30~15:00<br>낮잠 및 휴식</td><td>• 낮잠 및 휴식: 내 이불에 누워서 쉬기<br>– 교사가 들려주는 동화를 들으면서 자리에 누워 잠을 자거나 휴식을 취함. 낮잠을 자고 일어나서 이불매트 및 놀잇감 정리를 스스로 해 봄<br>–먼저 일어나거나 자지 않는 유아는 조용한 놀이를 한다(그림 그리기, 그림책 보기 등)</td><td>낮잠을 원하지 않는 유아는 조용한 놀이를 하며 휴식할 수 있도록 함.</td></tr>
<tr><td>15:00~15:30<br>오후간식</td><td>• 오후간식: 궁중 떡볶이<br>– 손을 씻고 간식을 들고 자리로 이동함. 바르게 앉아 간식을 먹고 다 먹은 뒤, 그릇을 정리함</td><td>간식 그릇이 뜨거울 수 있으므로 교사의 안내에 따라 안전하게 이동하였음</td></tr>
</table>

| | | |
|---|---|---|
| 15:30~16:00<br>오후<br>실내놀이 | • 오후 실내놀이 활동<br>– 쌓기놀이영역: 목욕탕을 만들어요<br>– 역할놀이영역: 목욕은 즐거워<br>– 언어영역: 손톱을 깨끗이 해요<br>– 수·조작영역: 깨끗한 나의 손<br>• 오후 실외 자유선택활동<br>– 인형 목욕놀이 | • 오전에 했던 놀이를 회상하고 반복해서 진행함. 쌓기놀이와 역할놀이를 연계하여 목욕탕을 구성하고 나의 몸과 인형의 몸을 깨끗하게 하면서 건강을 위해서는 몸을 깨끗이 하는 습관을 길러야 함을 놀이를 통해 유아들이 관심을 가지고 알 수 있도록 함<br>• 목욕탕놀이가 실감나도록 목욕탕 실내 현수막을 부착해 주어야겠음. |
| 16:00~19:30<br>귀가 및<br>통합보육 | • 귀가 및 통합보육: 가족과 함께 깨끗이 목욕하기<br>– 교사와 인사를 나누며 부모에게 하루일과 및 특이사항을 안내함<br>– 통합보육실로 이동하여 놀이를 하다가 부모님이 오시면 통합보육 선생님께 인사를 하고 하원함 | 가정에서도 함께 목욕을 하면서 내 몸을 스스로 깨끗하게 하는 것에 대해 관심을 가질 수 있도록 인사말에 포함시킴 |
| 실습생 평가 | 목욕탕 놀이를 하며 유아들의 경험을 자연스럽게 놀이로 표현하는 것이 인상적이었다. 단순히 도구를 이용하여 반복하는 놀이가 아닌 놀잇감과 실물자료를 이용하여 자신의 경험을 놀이로 표현하며 즐거워하는 모습을 보면서 놀이의 중요성과 교육적 가치에 대해 다시 한 번 생각해 보는 시간이 되었다.<br>기본생활습관과 관련된 활동을 교육활동으로 계획하고 실행하면서 유아들이 보다 더 흥미롭게 참여하고 적극적으로 활동하는 것을 볼 수 있었다. 바른 생활습관을 지도할 때 무조건 해야 된다고 이야기하기보다는 유아의 눈높이에 맞게 제시해 주고 일과 중 자연스럽게 반복적으로 교사가 함께 참여하며 즐겁게 습관을 익히는 것이 중요하다는 생각을 하게 되었다. | |
| 지도교사<br>조언 및 평가 | 맞습니다. 유아들은 놀이를 통해서 사회적 기술도 배우고, 자신의 욕구를 충족시킬 수 있게 되어 긍정적인 자아개념을 갖게 됩니다. 특히 자신의 경험을 표현할 수 있는 역할 놀이는 현실적 요소와 상상적 요소가 포함되어 있어 창의력도 길러 줍니다. 그러므로 교사는 유아의 경험을 재구성할 수 있는 다양한 소품 및 놀잇감을 제시해 주면서 유아가 자발적으로 놀이에 참여하도록 환경 구성을 해야 합니다. '건강과 안전'이라는 생활주제는 주제의 특성상 일상생활과 밀접한 관계이므로, 일과 운영과 통합적인 활동으로 구성되어 있습니다. 건강과 안전에 대한 지식과 정보만 전달하는 데 그치지 않고, 발달에 적합한 생활습관과 태도 형성에 가능한 경험과 흥미 있는 활동으로 계획하고 실행하는 것이 중요합니다. 유아들과 상호작용을 열심히 하는 모습을 보며 흐뭇했습니다. 특히 놀이 상호작용이 점점 더 좋아지고 있습니다. | |

출처: 보건복지부. 육아정책연구소(2016: 250). (일부수정)

### 5) 가정 연계 및 행사

- 가정통신문
- 부모교육, 안전교육 등 어린이집 자료
- 영아 일일관찰기록장(일일 관찰보고서)의 양식
- 부모교육 및 가족행사 계획서(일정 및 업무 분담표) 및 평가서
  단, 어린이집에서 공개하는 것 위주로 첨부한다.

실습지도교사는 실습생에게 보육실습 기간 중 보육실습기관과 가정과의 연계 및 행사 자료를 제공하며, 실습생은 실습일지에 보관하도록 한다(한국보육진흥원, 2013: 56).

## 7 ▸ 교재·교구 제작 및 활용

실습생은 지도교사의 교수자료 및 교구 등 자료 제작을 돕고 자신이 맡은 수업을 진행할 때 교재·교구를 제작하여 활용한다.

### 1) 교재·교구 계획안 작성

- 제작이 필요하면 자료의 완성된 모습, 제작 방법, 적절한 활용법, 교구의 안전성, 보관 용이함 등을 구체적으로 기술한다.
- 제작이 필요한 활동 자료의 경우 교재·교구를 제작하기 전에 지도교사와 협의하도록 하며, 계획안에 제작 과정을 사진 촬영하여 자료를

첨부한다.

- 다른 놀이영역이나 오후 활동, 바깥놀이 등으로 연계, 심화하거나 며칠 동안 활동으로 연결하여 확장할 수 있는 방안을 기록하고 교육활동 자료나 결과물을 확장하여 활용할 수 있는 방안을 기록한다.
- 교구 사용 중 발생되는 여러 문제점에 대한 예방 전략을 기술한다.

### 2) 교구 제작 및 관리

- 유아들의 연령, 흥미 등 발달 특성을 파악하여 제작한다.
- 교재·교구 활용의 목표가 뚜렷해야 한다.
- 유아들이 학습 활동의 경험을 다양하게 넓힐 수 있는 것이어야 한다.
- 유아에게 어떻게 활용할 것인가를 알아야 하고 창의적으로 다양한 교수학습 방법으로 접근할 수 있어야 한다.
- 안전하고 견고하며 위생적인 것이어야 한다. 특히, 영아의 경우 위생 안전에 주의를 기울인다.
- 소재와 제작 방법은 다양하고 변화 있게 한다.
- 최소의 노력과 경비로 최대의 효과를 낼 수 있도록 한다. 구매가 가능한 교구의 경우 실용성을 꼼꼼히 따져봐야 한다.

### 3) 교구 제작 및 활용의 실제

교재·교구 계획안 작성은 다음과 같은 구성요소를 중심으로 실제 수업에 적용한다.

## (1) 교구 제작 및 활용의 예시자료

| 교구명 | 피자를 만들어요 |
|---|---|
| 연령(영역) | 만 2세(사회관계) |
| 활동목표 | – 친구와 함께 피자 먹는 놀이를 경험한다.<br>(사회관계 > 더불어 생활하기 > 또래와 관계하기 > 또래가 있는 곳에서 놀이를 한다.)<br>– 피자의 수를 세어본다.<br>– 피자 위의 장식을 일대일로 대응시킨다.<br>(자연탐구 > 수학적 탐구하기 > 수량 인식하기 > 세 개가량의 구체물을 말하며 세어본다.) |
| 활동자료 | 펠트지, 우드락, 동그란 스펀지, 실, 바늘, 솜, 찍찍이, 가위, 글루건 |
| 교구 제작방법 | ① 동그란 스펀지를 6등분하여 자른다.<br>② 스펀지 크기에 맞게 펠트지를 재단하여 바느질한다.<br>③ 피자 위의 토핑(파프리카, 올리브, 새우, 버섯, 브로콜리, 파인애플, 햄, 오렌지)을 재단하여 바느질한다.<br>④ 우드락(하드보드지)을 피자판 모양으로 재단한다.<br>⑤ 피자판 모양에 맞춰서 펠트지를 재단하여 바느질한다.<br>⑥ 토핑 아래에 찍찍이를 바느질한다.<br><br>'퀼트카페' 블로그 참고하여 제작함(박명선) |
| 활동방법 | ① 토핑(파프리카, 올리브, 새우, 버섯, 브로콜리, 파인애플, 햄, 오렌지)을 살펴본다.<br>② 토핑을 피자 위에 올린다.<br>③ 피자 한 조각에 토핑을 하나씩 올린다.<br>④ 피자를 나눠본다.<br>⑤ 친구들과 함께 피자를 나누어 먹어 본다. |
| 활동의 유의점 | 1. 영아 입에 들어가지 않도록 한다.<br>2. 일대일 대응이 어려울 경우 자유롭게 구성하며 놀이하도록 한다. |
| 확장활동 | – 역할영역에서 피자가게 놀이를 할 수 있다. |

### (2) 흥미영역에서 교구의 활용

- 유아들의 눈에 잘 띄도록 균형과 조화의 미를 갖추어 매력적으로 전시한다.
- 유아가 사용하기에 편리하게 전시한다.
- 상호 연관된 교육 자료는 함께 전시해 줌으로써 학습의 효과를 높일 수 있다.
- 교재·교구는 주제와 연관된 내용이나 발달 단계에 맞는 것을 제시해 준다.
- 교재·교구에 대한 유아들의 호기심에 따라 전시 장소와 방법에 변화가 있어야 한다.
- 교육 자료의 활용에 적절한 공간이 준비되어야 한다.
- 실습생은 자신이 제작한 교구를 유아가 사용하도록 배치하고 함께 놀이한다.

### (3) 교구 및 비품관리

기관에서 제시하는 교구와 실습기간 중 실습생이 제작한 교구를 효율적으로 제시하고 보관한다(김정규, 2014).

#### ① 교재·교구의 효과적인 제시와 보관

각 영역의 교재는 월별, 주별, 일일 교육 목표나 교육 내용과 관련된 것들을 사용 빈도, 난이도, 형태, 색깔, 무게, 점유 공간 등을 고려하여 제시한다. 제시된 교재·교구는 교육 목표, 내용, 주제, 계절 등에 따라 수시로 바꾸어 주어야 한다.

### ② 효율적인 관리 보관 방법

- 구입, 제작한 교재·교구는 목록을 작성해 둔다. 교재·교구는 계절별, 교육 과정 영역별, 활동별, 개인 교육 자료별, 집단 교육 자료별로 분류 카드를 제작하여 교육 자료의 명칭, 교육 자료의 목표, 만드는 법, 자료, 활용법 등을 기록하여 정리해야 한다.
- 교재·교구는 보관 상자나 봉투를 준비하여 넣는다. 상자, 봉투에는 주제에 따라, 영역에 따라 분류 번호를 붙여 둔다. 예를 들면 명의 번호는 월별 가, 나, 다 순으로 하고 영역은 Ⅰ, Ⅱ, Ⅲ …으로 한다면 '3-가-Ⅱ' 경우 3월 주제 '가족' 의사소통 영역으로 분류 번호를 붙일 수 있다.
- 보관할 준비가 된 교재·교구는 일정한 장소를 정하여 보관하며 보관하는 곳에 전체 목록을 써서 걸어 둔다.
- 교재의 내용물이 모두 있는지 점검한다. 한 개라도 분실되거나 불충분할 경우 교재·교구로써 활용할 수 없으므로 꼼꼼히 살핀다.
- 부서지거나 조각이 분실된 것은 다시 보완·보충시켜 다음에 제시할 때 결점이 되지 않도록 한다.

# 8 ▸ 관찰기록 작성

## 1) 보육현장의 관찰 시 유의사항

### (1) 보육현장의 관찰 시 유의사항

보육현장을 관찰할 때 실습생이 유의해야 할 지침은 다음과 같다(양명희 · 임유경, 2014: 327).

- 필기도구, 관찰기록용지 및 실습일지는 항상 휴대한다.
- 기관에 대한 전체적 이해를 가지고 관찰한다.
- 사진은 허락된 장소에서 허락된 시간에만 촬영한다.
- 기관의 규정을 알고 엄수한다.
- 수업에 방해되지 않도록 눈에 띄지 않는 구석에 서거나 의자에 앉는다.
- 관찰하고 있는 유아들의 행동에 대해서 표정이나 태도로 감정적 반응을 보이지 않아야 한다.
- 교사를 관찰할 때는 관찰 전에 이해와 양해를 구한다.
- 객관적이고 중립적으로 보이는 그대로 관찰하고 기록한다.
- 행동의 특성이나 유형을 알기 위해서는 비슷한 행동발생을 반복해서 관찰한다.
- 유아나 부모, 외부인 앞에서 관찰 내용을 언급하지 않는다.
- 학습 자료나 교재·교구의 관찰 내용은 그림이나 사진과 함께 자세히 표현한다.

### (2) 영유아 관찰 시 유의사항

실습기관에서 관찰을 할 때 실습생이 유의할 사항을 살펴보면 다음과 같다(한국보육진흥원, 2013: 42).

- 다양한 상황과 장소에서 영유아 관찰을 실시한다.
- 일회성이 아닌 지속적인 관찰을 실시한다.
- 관찰 내용은 일정한 형식에 따라 일관성 있게 기록한다.
- 관찰자의 주관이나 편견이 개입되지 않도록 실제 일어난 상황을 객관적으로 기록한다.
- 관찰된 행동에 기초한 해석이나 평가는 관찰 내용 기록과 구분하여 기록한다.
- 보육의 일과 운영에 방해가 되지 않도록 보육활동 중에는 교사에게 즉시 질문하지 않고 일과가 끝난 후에 질문한다.

## 2) 하루 일과 중 영유아 관찰 사항

실습생의 관찰 능력을 향상시키기 위해 영유아를 관찰할 수 있는 기회를 제공할 필요가 있다. 보육실습 교과목을 진행하면서 보육실습기관에 사전에 방문할 수 있는 기회를 제공하고, 다음과 같은 사항을 주로 관찰하도록 한다(한국보육진흥원, 2013: 44).

- 영유아는 깨끗하고 단정한가?
- 기본생활에 관련된 일상생활(손 씻기, 배변, 정리정돈 등)을 수행하는 정도는 어떠한가?

- 제공된 급·간식을 잘 먹는가? 급·간식을 먹을 때 교사와 어떠한 개별적 이야기를 나누는가?
- 부정적 또는 긍정적인 정서를 어떻게 표현하는가?
- 영유아는 교사나 다른 성인, 또래들과 관계를 잘 맺는가?
- 활동이나 놀이를 스스로 선택하여 집중하는가?
- 유아의 경우, 집단 활동에 참여하여 주의집중하는가?
- 도움이 필요할 때 교사나 또래에게 적절히 도움을 요청하는가?
- 영유아가 선호하는 활동이나 놀이는 무엇인가?
- 신체 및 정서, 인지, 사회성, 언어발달 수준은 연령에 맞게 적절한가?
- 실내외의 활동 및 일과에 잘 적응하고 즐기며 참여하고 있는가?

### 3) 교사와 영유아와의 상호작용 관찰

보육교사와 영유아의 상호작용은 보육의 질을 결정하는 가장 중요한 요소 중 하나이다. 실습생은 보육교사로서 긍정적이고 수용적인 상호작용능력을 갖추기 위해, 교사와 영유아의 바람직한 상호작용을 먼저 관찰할 필요가 있다(한국보육진흥원, 2013: 45).

#### (1) 교사와 영유아의 상호작용 관찰 시 유의사항

교사와 영유아의 상호작용은 일상적 양육활동이나 보육활동, 놀이 중에 주로 나타나며 문제 행동 발생 시에 부정적 정서를 다루는 내용을 관찰할 수 있다. 교사와 영유아의 상호작용을 관찰할 때 실습생이 유의할 사항은 다음과 같다.

- 다양한 놀이, 보육활동 진행, 일상적 양육활동 수행, 문제 행동 발생 때와 같은 다양한 상황에서 교사와 영유아의 상호작용을 관찰한다.
- 선불리 개인적 판단을 하거나 해석을 하지 말고 객관적이고 사실적으로 교사와 영유아의 상호작용을 관찰한다.
- 교사와 영유아의 상호작용 내용에 대해 의문이 생길 경우, 일과가 끝난 후 교사에게 질문할 수 있다.

### (2) 교사와 영유아의 상호작용 관찰 지침

실습생이 교사와 영유아의 상호작용을 관찰할 때의 지침은 다음과 같다.

- 일과 시간대별로 교사와 영유아의 상호작용을 관찰한다.
- 관찰내용은 일정한 형식에 따라 일관성 있게 기록한다.
- 관찰된 행동에 기초한 해석이나 평가는 관찰내용 기록과 구분하여 기록한다.
- 관찰자의 주관이나 편견이 개입되지 않도록 실제 일어난 상황을 객관적으로 기록한다.

### (3) 교사와 영유아의 상호작용 관찰 사항

실습생은 어린이집 현장에서 교사와 영유아의 상호작용을 관찰할 때, 다음과 같은 사항에 집중하여 관찰한다.

- 영유아의 발달 수준이나 흥미에 적합하게 상호작용하는가?
- 영유아를 믿고 존중하며 영유아의 시도를 적극 수용하는가?

- 영유아의 일상 경험에 기초한 보육 내용을 통합적으로 운영하는가?
- 영유아의 요구와 질문에 경청하고, 긍정적으로 반응하는가?
- 보육활동을 미리 계획하고 조직하는가?
- 영유아를 편견을 가지고 차별하지 않는가?
- 영유아가 스스로 해결하도록 지도하는가?
- 영유아의 부정적 정서를 긍정적으로 수용하는가?
- 영유아 간의 다툼이나 문제 상황에 어떻게 개입하는가?
- 영유아의 자유놀이에 교사가 적극 참여하고 놀이 전체를 수시로 파악하려 하고 있는가?
- 또래 간의 긍정적인 상호작용을 격려하는가?

## 4) 관찰 실습의 실제: 일화기록법

일화기록법은 한 가지 행동이나 상황에 초점을 맞추어 관찰하고 간결한 형태로 기록하는 관찰방법으로 관찰자에게 중요하거나 흥미롭거나 의미 있다고 생각되는 것, 일과 중 주요 단어를 육하원칙에 따라 메모한 후 일과 후 자세하게 기록할 수도 있다.

* 준비물: 필기구, 작은 수첩, 미니녹음기, 교실 내 기록도구 등

### (1) 일화기록법 관찰지침

- 관찰대상 아동이 보여주는 특별한 사건이나 행동을 중심으로 간결하게 기록한다.
- 한 가지 행동에 초점을 맞추어 기록한다.

- 사건이 일어난 상황과 행동과 대화를 즉시 기록한다.
- 사건이 일어난 직후 바로 기록하기 어려운 경우에는 육하원칙(언제, 어디서, 누가, 무엇을, 어떻게, 왜)에 따라 간단히 메모해 두었다가 나중에 기록하되, 당일에 기록하여야 하며 날짜를 넘겨서 기록하지 않는다.
- 관찰대상 아동이 한 말과 행동을 현재형으로 기록하며, 대화 내용은 직접화법으로 인용부호(" ")를 사용하여 그대로 기록한다.
- 관찰자의 편견이 들어가지 않도록 객관적이며 사실적으로 기록한다.
- 언제든지 관찰 기록이 가능하도록 필기구와 관찰 기록 용지를 미리 준비한다(안선희 외, 2015: 44).

**▸▸ 영유아를 관찰할 때 중점적으로 볼 내용**

- 영유아들이 자발적, 능동적 또는 수동적으로 놀이에 참여하는가?
- 영유아들이 선호하는 영역과 선호하지 않는 영역은 어디인가?
- 잘 가지고 노는 놀잇감은 무엇인가?
- 놀이가 오래 진행되지 않고 중간에 흐지부지 끝나지 않는가?
- 놀이하는 동안 놀이에 대한 아이디어를 자주 내고, 다른 친구의 놀이에도 관심을 가지며 서로 의견을 주고받는가?
- 활동에서 함께 정한 규칙 또는 기본적인 규칙을 지키는가?
- 사용하려고 하는 자료를 다른 친구가 사용하고 있을 때 물어보고 가져가는가?
- 새로운 의견이나 자신의 느낌을 놀이에서 적절히 표현하는가?
- 대·소집단 활동 시 주의집중 또는 산만함의 정도는 어떠한가?

출처: 한국보육진흥원(2013: 43).

### (2) 일화기록으로 아동을 관찰할 때 유의할 사항

- 일화기록 대상을 선정할 때 학급명단 또는 가나다 순서대로 기록하는 것이 아니라 특별한 행동이나 사건에 초점을 맞추어 기록해야 한다.

- 관찰대상 아동이 자신이 관찰대상이 되고 있음을 의식하게 될 때 일부러 관심 행동을 하거나 부자연스러운 행동을 할 우려가 있으므로 유의하여야 한다.
- 추측, 설명, 이유, 느낌, 편견, 선입견 등 주관적인 평가는 기술하지 않도록 한다(안선희 외, 2015: 44).

**▍옳은 예와 잘못된 예를 제시하면 다음과 같다.**

| 옳은 예 | 잘못된 예 |
|---|---|
| 밀가루 점토를 주먹만큼 떼어 친구에게 주었다. | 은아는 언제나 노래 부르기를 좋아한다. |
| 옷의 단추를 잠근다. | 병수는 매우 활동적이다. |
| 하품을 한다. | 서연이는 너무 수줍어한다. |
| 눈을 감고 입을 크게 벌렸다. | 은선이를 도와주었다. |
| 미영이는 윤선이 어깨에 손을 올렸다. | 놀란 것처럼 보였다. |
| 재성이는 신발장으로 뛰어갔다. | 진희는 친구를 고마워했다. |
| "친구야, 고마워!" | 재선이는 우울해 보인다. |
| "친구에게 미안하다고 사과했어요!" | 기호는 항상 친구들을 괴롭힌다. |
| 세이는 벽에 기대고 서 있다. | 과자를 나누어 먹었다. |
| 민수는 주먹으로 영철이 머리를 두 번 쳤다. | 시끄럽게 떠든다. |
| "선생님! 기분이 좋지 않아요!" | 행복한 얼굴이다. |
| 영이는 컵을 한 손으로 들고 물을 먹는다. | 늘 더러운 모습이다. |
| "선생님! 배가 아파요!" | 미연이는 배가 아프다고 말했다. |

출처: 안선희 외(2015: 45).

### (3) 요약 및 교수전략을 기록할 때 유의점

- 관찰된 행동에 기초한 요약은 관찰내용 기록과 구분하여 기록한다.

- 요약은 관찰기록에 근거한 추론을 바탕으로 영유아의 행동에 대해 가치를 부여한다.
- 교수전략은 요약에 근거하여 교육적 개선을 위한 추후활동을 의미한다.

### (4) 일화기록의 예

<table>
<tr><td>관찰 대상</td><td>박○○〈여〉</td><td>생년월일</td><td>2009년 5월 3일</td></tr>
<tr><td>관찰자</td><td>김□□</td><td>관찰일</td><td>2013년 5월 14일</td></tr>
<tr><td>관찰장면</td><td>실내놀이시간(미술영역)</td><td>관찰시간</td><td>오전 9:20~9:30</td></tr>
<tr><td>기록</td><td colspan="3">실내놀이 시간에 역할놀이를 하던 ○○가 자기 이름표를 떼어서 미술영역에 가서 붙인다. 그림을 그리고 있던 △△와 ◇◇를 팔짱을 낀 채 서서 쳐다본다. 지나가던 선생님이 △△의 그림을 오른손으로 가리키며 “와 정말 잘 그렸네. 꽃을 참 예쁘게 그렸구나. 우리 △△가”라고 말한다. ○○는 △△의 맞은편에 앉는다. 잠시 후 ○○는 “엄△△, 너 그림 안 예뻐!”라고 이야기한다. 옆에 있던 ◇◇가 “야! 박○○, 친구에게 그렇게 말하면 안돼. 그건 나쁜 거야.”라고 이야기한다. ○○가 ◇◇를 흘겨보며, “네 그림도 하나도 안 예뻐. 엄△△도 엄청 이상해. 바보 같아.”라고 말한 후에 ○○는 자기 이름표를 떼어 쌓기영역으로 걸어간다.</td></tr>
<tr><td colspan="4">발달영역: 사회발달 – 공격성(사회관계 영역)</td></tr>
<tr><td colspan="4">〈요약〉</td></tr>
<tr><td colspan="4">– 고의적으로 친구에게 상처를 주는 언어적 공격성이 나타났다.<br>– 실내놀이 시간에 여러 영역을 돌아다니면서 친구들의 활동을 지켜보기만 한다.<br>– 교사의 행동과 말에 관심이 많으며, 자유선택활동 시간에 교사를 따라다닌다.</td></tr>
<tr><td colspan="4">〈교수전략〉</td></tr>
<tr><td colspan="4">친구에게 상처를 주는 말을 하면 안 되며, 자신의 말로 인해 친구가 어떤 감정을 갖는지 이해할 수 있는 기회를 ○○에게 제공하며, 이러한 행동을 수정해 나갈 수 있도록 지도할 필요가 있다.<br>적절한 지도방향을 정하기 위해서 ○○가 왜 그런 행동을 하게 되었는지 원인을 알아볼 필요가 있다. 친구와 잘 어울리고 싶은데 상호작용 방법을 잘 모르는지 아니면 선생님에게 관심을 받고 싶어 하는 마음에서 그런 행동을 한 것인지 관찰해야 한다. 또한 ○○ 부모님의 양육태도는 어떠한지, 집에서도 언어적 공격성이 나타나는지 등에 대해서도 살펴볼 필요가 있을 것이다.</td></tr>
</table>

출처: 황해익 외(2014: 66).

## 5) 일과운영 관찰

유아교육기관에서의 일과운영은 영유아 발달에 절대적인 영향을 미친다. 교사는 영유아에게 적절한 일과를 계획하고 운영하기 위해서 자신이 담당한 학급 영유아의 욕구 및 흥미와 개인적인 특성, 발달 수준을 잘 파악해야 하는데, 이를 위해서는 영유아의 일과를 체계적으로 관찰해야 한다. 체계적인 관찰을 하기 위해서는 연간 보육·교육계획안을 작성하는 것과 동일하게 관찰계획을 수립해야 한다. 영유아를 위한 관찰계획은 교육주제와 관련된 내용을 포함하는 관찰과 시기에 따른 생활목표에 적절한 관찰을 토대로 계획하는 것이 좋다(안선희 외, 2015: 245).

### (1) 등원

- 대부분의 영유아는 가족과 헤어지는 것을 힘들어하기 때문에 등원시간에 나타나는 영유아의 행동특성을 관찰함으로써 안정적으로 부모 및 양육자와 헤어지고 일과를 시작할 수 있도록 지원해야 한다.
- 영유아는 하루일과의 시작인 등원시간이 안정적으로 이루어져야만 이후 시간에 안정적으로 지낼 수 있기 때문이다.
- 교사는 등원 시 각 영유아의 신체적·행동적·심리적 특성을 관찰함으로써 개별적인 욕구를 하루일과에 반영할 수 있다.

### (2) 실내놀이

영유아가 참여하는 실내놀이 시간에 교사는 목적에 따라 다양한 방법으로 영유아를 관찰할 수 있다. 영유아들이 많이 참여하는 놀이영역이 무엇인지 관찰하여 개별 영유아의 놀이선호도를 분석할 수 있다.

- 일정한 시간대에 각 놀이영역에서 놀이하고 있는 영유아의 수를 관찰함으로써 해당 학급 영유아의 놀이영역별 흥미 선호도를 알아볼 수 있다.
- 일정한 시간대에 각 영유아의 놀이활동에 대한 지속성을 관찰함으로써 각 영유아의 놀이지속 특성에 대해 알아볼 수 있다.
- 일정한 시간대에 또래와 놀이하고 있는 영유아들을 선택하여 어떤 내용의 놀이를 하고 있는지 관찰함으로써 영유아 간의 상호작용에 대해 알아볼 수 있다.
- 실내놀이 시 또래와의 갈등상황을 관찰·기록하면 갈등상황의 원인을 분석하여 적합한 중재 전략을 세울 수 있을 뿐만 아니라 부적응 행동 영유아 지도에 중요한 자료로 활용할 수 있다.
- 자유놀이 시 영유아의 놀이에 개입하는 교사 역할을 관찰함으로써 영유아의 놀이를 확장하고 지원하는 교사 역할을 수행할 수 있다.

### (3) 집단활동

- 유아들은 집단활동을 통해 다른 사람들의 이야기를 듣고 이해하며 다른 사람들에게 자신의 생각과 느낌 등을 나누며 동일한 교육적 경험을 공유하는데, 이를 위해 규칙을 지켜야 한다.
- 주의집중능력이 부족한 유아가 효과적으로 집단활동에 참여하도록 하기 위해서 집단활동 상황을 관찰한 결과를 토대로 효과적인 전략들을 수립하고 실행해야 한다.

### (4) 정리정돈

- 영유아들은 자신이 참여한 활동을 마무리하면서 혹은 일과활동을 정리하면서 놀잇감을 제자리에 정돈해야 한다.
- 정리정돈은 자신이 사용했던 놀잇감을 정리하는 습관을 형성할 뿐만 아니라 놀잇감의 위치를 기억하고 놀잇감의 속성에 따라 분류하기, 또는 서로 협력하기 등의 다양한 교육적인 효과가 있다.
- 정리정돈을 거부하거나 참여하지 않는 영유아가 있는지를 관찰하고 그 결과를 토대로 정리정돈 활동을 계획할 수 있다.

### (5) 간식 및 식사

영유아 간식 및 식사는 즐겁고 편안하게 이루어져야 한다. 이를 위해 간식 및 식사 시간이 어떻게 운영되는지 관찰한 결과를 활용하여 보다 효과적인 간식 및 식사 지도 계획을 수립할 수 있다.

### (6) 낮잠 및 휴식

낮잠 및 휴식 시간은 오랜 시간 유아교육기관에서 생활하는 영유아에게 매우 중요한 시간이다. 건강하게 성장할 수 있는 재충전의 시간이기 때문이다. 따라서 낮잠 및 휴식 시간을 관찰하여 개별 영유아의 특성을 이해하고 이를 토대로 편안한 낮잠 및 휴식이 이루어지도록 해야 한다.

### (7) 하원

하원 시 교사와 부모 및 양육자는 가정과 유아교육기관에서의 영유아

건강상태, 기분, 식사 및 투약의뢰 등에 대한 정보를 각각 교환할 수 있다. 교사와 부모는 하루일과에 대한 정보를 서로 주고받음으로써 영유아에 대한 정보를 공유할 수 있다.

#### (8) 일일 보육계획에 따른 하루일과 관찰

매일 수립한 보육계획대로 일과운영이 이루어졌는지, 계획된 활동에 참여한 영유아의 반응은 어떠했는지 혹은 계획과 다르게 운영된 점은 무엇인지 등을 관찰하고 관찰한 내용을 일일 계획과 비교하여 분석한 결과는 다음 보육계획 수립에 효과적으로 활용된다. 또한 이와 같은 관찰 내용을 토대로 전체 하루일과가 연관성 있게 운영되었는지 알아볼 수 있어 효과적이다.

### 6) 보육환경 관찰

#### (1) 보육환경 관찰 지침 및 유의사항

우수한 보육환경을 관찰하기 위해 실습생이 유의해야 할 사항과 관찰 지침은 다음과 같다(한국보육진흥원, 2013: 46).

- 교사나 영유아의 활동을 방해하지 않는다.
- 환경에 대한 의문점은 일과가 끝난 후 교사나 원장에게 질문한다.
- 기록을 할 때는 교사나 영유아에게 방해되거나 주의를 끌지 않도록 한다.
- 환경 관찰은 실내외 어디서나 언제나 이루어질 수 있다.
- 어린이집 평가인증지표를 숙지하고, 이를 근거로 환경을 관찰할 수 있다.
- 환경 관찰 후 개선할 사항이 있다고 판단되면, 개선 방안도 고안한다.

### (2) 실내생활영역 및 놀이영역 구성의 적절성 관찰

영유아가 대부분의 시간을 보내는 학급의 환경은 단순한 물리적인 시설 및 교구교재만으로 이해해서는 안 된다. 환경에서 영유아들은 다양한 경험과 생각을 하고 다양한 감정을 느끼며 발달하기 때문이다. 보육실 환경 관찰을 통해서 영유아가 호기심을 가지고 탐색하고 서로의 생각과 경험 등을 나누는 영유아의 삶을 알 수 있다.

실내생활영역 및 놀이영역 구성 관찰 시 다음 사항을 참고로 관찰한 내용을 분석하면 효과적이다.

**▸▸ 실내흥미영역 관찰 내용 분석 기준**

- 위생 및 안전: 각 영역에서 영유아가 안전하고 위생적으로 생활할 수 있는지 관찰한다. 또한 각 영역에서 교사가 학급 내 모든 영유아를 볼 수 있도록 구성되어 있는지 확인한다.
- 공간 크기: 같은 영역에서 활동하고 있는 영유아들의 간격이 충분한지, 영역 밖으로 나와서 놀이하는 영유아가 많은지 등을 관찰한다.
- 영역 위치의 적절성: 조용한 구역과 활동적인 구역을 나누어 각 영역 특성에 적합하게 배치하였는지 관찰한다. 또한 가림판, 교구장, 러그 등을 활용하여 다른 영역과 분리되도록 배치하였는지 관찰한다.
- 교구장: 각 영역에 적절한 크기, 수의 교구장이 준비되어 있는지, 교구장이 견고하고 안전하게 이동 가능한지 등을 관찰한다.
- 놀잇감 접근 및 정리정돈의 용이성: 영아가 원하는 놀잇감에 쉽게 접근할 수 있도록 배치되었는지, 사용한 놀잇감을 쉽게 정리할 수 있도록 밑그림 등이 있는지 관찰한다.
- 기타: 관찰 표에 제시되지 않은 놀이영역이나 기준 등이 있으면 기록한다.

출처: 김희진·박은혜·이지현(2011: 70-71).

### (3) 실내놀이영역별 놀잇감 구성 관찰

영유아가 다양한 교육적 경험을 하기 위해서는 각 연령과 현재 경험하고 있는 교육 주제에 적합한 놀잇감이 준비되어야 한다.

- 주기적인 흥미영역 놀잇감 관찰은 영유아의 흥미와 욕구 변화에 대한 정보를 획득할 수 있으며, 다양한 놀잇감을 제공하여 놀이활동을 확장시킬 수 있다.
- 놀잇감을 주기적으로 관찰한 결과는 놀잇감 구성 시 반영할 수 있는 기초자료로 활용할 수 있다.

### (4) 물리적 환경 관찰의 실제

보육실습기관의 실내놀이영역 관찰을 통해 적절한 놀이영역 구성 및 교재·교구를 제공함으로써 영유아의 균형적인 발달을 지원하고 환경구성 원리에 따라 환경을 정리할 수 있다.

**실내흥미영역 교재·교구 적절성 관찰의 예**

| 관찰자 | 권○○ | | 관찰일시 | 2016. ○. ○. | |
|---|---|---|---|---|---|
| 관찰기관 | ○○어린이집 | | 관찰대상(영역) | ○○반(역할놀이) | |
| 기준 / 영역 | 매우 불만족 | 불만족 | 보통 | 만족 | 매우 만족 |
| 교재·교구 및 자료의 제작방식 | | | | ✓ | |
| 생활주제와의 연관성 | | | | | ✓ |
| 발달수준과의 적합성 | | | | ✓ | |
| 안전성 | | | | ✓ | |
| 청결성 | | | ✓ | | |
| 기능성 및 보수/유지 | | | | | ✓ |
| 요약 및 해석 | | | 관찰을 통한 지원 | | |
| 청결성 보통, 제작방식, 발달적합성, 안전성은 만족으로 청결성에 대한 이해가 필요함 | | | 교재·교구를 청결하게 관리하고 정리정돈이 잘 이루어지도록 바닥에 교구 사진을 제공 | | |

출처: 황해익 외(2014: 161).

# 03

# 보육실습의 평가와 관리

# 1 보육실습 평가

보육실습을 성공적으로 운영하려면 최종적인 평가의 과정을 세밀하게 준비해야 한다. 일반적으로 평가를 보육실습의 마지막 단계로 생각하지만 사실상 보육실습의 목적과 목표설정, 보육실습의 계획과 운영, 보육실습 평가 단계마다 평가활동은 지속적으로 이루어지고 있다.

평가는 학생들이 이미 습득한 지식, 기술, 태도를 보육현장에 얼마나 적용할 수 있는지를 객관적으로 파악하기 위한 활동이다. 이러한 평가는 학생들에게 보육교사에 대한 기본 자질과 역할을 미리 확인하는 기회를 제공함과 동시에, 영유아 보육의 역량을 증진할 수 있게 해 준다.

보육실습 담당교수는 보육현장을 방문하여 실습의 과정을 지도 관리하며, 학생들은 반성적인 사고를 통해 성공적이고 효과적인 보육실습을 수행할 수 있다. 이를 표로 정리하면 다음과 같다(한국보육진흥원, 2013: 75).

## 1) 보육실습 평가 준비사항

| 구분 | 학교 | 학생 |
|---|---|---|
| 내용 | • 보육실습기관과의 유기적 협조<br>• 보육실습기관 공문 제출<br>• 보육실습서류 목록 제공<br>• 보육실습일지 양식 개발<br>• 실습평가회의 개최 및 주도<br>• 보육실습기관 방문<br>• 보육실습기관 원장과의 협의<br>• 보육실습기관 방문결과보고서 작성 | • 보육실습일지 작성과 제출<br>• 교육활동계획안 작성<br>• 실습지도교사의 피드백 수렴<br>• 실습평가회의 참석<br>• 실습지도교사와의 지속적 협의<br>• 실습 전반에 대한 반성적 사고 |

| 구 분 | 학 교 | 학 생 |
|---|---|---|
| 서류 준비물 | • 보육실습일지 양식<br>• 보육실습 요청 공문<br>• 보육실습평가서<br>• 보육실습기관 방문 계획서<br>• 보육실습기관 방문 결과보고서 | • 보육실습일지와 활동계획안<br>• 보육실습 자기평가표 |

## 2) 보육실습 평가의 목적과 목표

보육실습과정을 통하여 실습생의 향상된 수준을 파악할 수 있다. 보육실습평가란 보육실습의 목표, 내용, 방법 과정을 객관적으로 평가하는 활동으로 실습생은 자신의 성장수준을 객관적으로 알 수 있다(한국보육진흥원, 2013: 76).

### (1) 보육실습 평가의 목적

- 이론과 실습을 겸비하여 영유아에 대한 심화된 이해를 돕는다.
- 보육실습의 진행 정도를 파악하여 실습의 질을 진단한다.
- 실습생의 교육 역량을 강화하여 전문성을 확보한다.
- 예비교사의 발달과정을 이해하며 반성적 사고를 촉진한다.
- 교사의 역할 수행에 대해 긍정적 태도를 기른다.

### (2) 보육실습 평가의 목표

- 보육실습의 목표달성 여부를 확인한다.
- 실습생의 보육실습 성취도를 구체화한다.

- 실습생에게 교사로서의 향후 진로에 도움을 준다.
- 실습생에게 교사로서의 역량 여부에 대한 자기 반성 및 자기 이해를 할 수 있게 한다.
- 실습생이 교직의 직무 중 각자 수행할 수 있는 내용을 알게 된다.
- 실습 결과를 확인하여 직무능력 중 부족한 부분에 대하여 인식할 수 있다.
- 자격증 부여의 조건인 학과목 이수 인정의 근거자료가 된다.

## 2 보육실습기관 방문 평가

담당교수의 보육실습기관 방문 절차와 내용은 다음과 같다(한국보육진흥원, 2013: 77).

### 1) 담당교수의 보육실습기관 방문

보육실습 지도를 위해 대학과 보육실습기관 간의 협력은 매우 긴밀히 이루어져야 한다. 담당교수는 학생과의 협의하에 실습기관을 선정한 때부터 문서나 전화로 실습기관과 교류를 시작하고, 지도 학생이 보육실습을 하는 동안 교수는 대부분의 경우 실습기관을 방문한다. 담당교수는 실습기관의 원장과 실습지도교사에게 대학의 교과 운영 특성, 실습생의 학문적 배경, 보육실습 준비 상태 등을 알려주고, 원장과 지도교사는 학생의 보육실습 진행 상황을 해당 교수에게 전달한다. 담당교수의 보육실습기관 방문은 실습 전후뿐 아니라 실습을 종료했어도 중간 관리 및 평가, 사후관리

면에서 매우 중요한 교류의 방안이므로 권장사항이며, 전화방문으로 대체할 수 있다.

## 2) 보육실습기관 방문 시 고려사항

### (1) 실습기관 방문 전 유의사항

- 지도교수는 모든 학생의 실습기관을 직접 방문하여 여러 가지 사항을 파악하고 협의한다.
- 방문지도가 어렵다면 전화, 편지, 온라인 등으로 사전 양해를 구하고 정보를 교류한다.
- 방문 일정을 미리 세워 구체적인 계획을 수립한다.
- 방문할 어린이집과 전화로 연락하여 협의하에 방문 일시를 정한다.
- 지도교수와 실습기관의 유기적 협조를 위해 관리 차원에서 지속적으로 연락한다.

### (2) 실습기관 방문 시 파악할 내용

- 담당하는 학생의 보육실습 진행 여부를 세밀히 관찰한다.
- 실습생으로서 역할을 경험하는 학생에게 심리적·정서적 지원을 해준다.
- 보육실습기관의 원장, 실습지도교사와 학생의 보육실습 수행에 관해 협의한다.
- 학생의 보육실습 실태와 현황, 원장과 지도교사가 느끼는 지도상의 어려움을 경청한다.

- 대학과 실습기관 간 지속적인 협력 관계를 유지한다.
- 담당학생이 실습생으로서 겪은 실습 시의 어려운 점을 경청한다.
- 실습기관의 협조 정도와 기관의 인적·물리적 환경을 파악하고 실습지도에 적합한 시설 규모와 운영 특성을 갖추었는지 확인한다.

### (3) 보육실습기관 방문 후 결과보고서 작성

보육실습기관 방문 후, 지도교수는 기관에 대한 인상과 느낌, 방문 소감, 실습지도 교사나 원장과의 면담 내용, 실습생의 보육실습 과정 및 참여 태도, 보육실습 조건의 적합성, 어린이집 요구 사항, 취업 상담 등을 종합 정리하여 '보육실습기관 방문 결과보고서'에 작성한다.

## 3 실습생의 자기평가

### 1) 실습생 중간 평가

자신의 실습 수행 정도를 중간 평가한다. 성실한 실습 태도, 교사 직무 이해, 계획안과 실습일지, 작성과 수행, 질적 상호작용 실습, 교재·교구 제작, 교육환경 구성 등을 평가한다.

## 2) 저널을 통한 자기반성

보육실습은 실습생에게 교사의 전문성 확보를 위해 필수적으로 이수해야 하는 교과인 동시에 자신의 교육 역량에 대한 이해를 높이는 자기평가의 기능이 있음을 알고 이를 통해서 반성적 사고의 기회를 갖는다.

### (1) 개인의 경험 재구성으로서의 저널

- 개인이 자신의 경험을 기록하고 그에 대한 의미를 자유로운 글쓰기의 형식으로 기록할 일을 적은 목록, 관찰기록, 편지, 수업계획서 사본과 그 수업에 대한 사후평가서, 자신의 교육신념을 적은 글, 자서전, 자신이 생각하는 가장 이상적인 교실환경을 그림으로 그려보는 것 등을 포함한다.
- 기록한 내용을 주기적으로 다시 읽어봄으로써 이전에 기록된 내용과 현재의 생각 사이의 변화를 살펴봐야 한다.
- 교사의 개인화된 이론 구축 및 반성적 사고 능력 향상에 효과적이다.

### (2) 대화의 수단으로서의 저널

- 예비 교사와 지도 교사가 서로의 의사소통을 위한 도구로 활용한다.
- 교육현장에서 경험하면서 얻게 되는 개인적인 의미를 타인과 공유한다.
- 자기 자신에 대해 반성적으로 사고하고 이러한 내용을 중요한 타인과 공유하는 것을 가능하게 한다.
- 지식의 범위를 넓히고 상호주관성을 발달시키는 수단이 된다.

### 3) 실습생의 자기평가

- 학생은 실습생으로서 6주 동안 보육실습기관의 원장이나 지도교사에게 지속적으로 평가를 받는다. 학생은 실습을 통해 평가의 대상이기도 하면서 자신을 스스로 평가해 볼 수 있는 기회를 갖기도 한다. 실습생이 스스로 하는 자기평가는 보육실습의 과정과 결과에 기초하여 자신을 객관적으로 평가하는 것이며, 교사로서 특별히 요구되는 태도, 자질, 역할, 능력 면에서 자신을 파악할 수 있다.
- 보육실습의 주체는 실습생 자신이므로 이러한 실습의 기회가 자신의 역량을 발견하는 데 도움을 주는 중요한 계기로 삼아야 한다. 그러므로 항상 연구하는 자세로 보육실습에 임해야 하고 실습을 완료하는 단계에 이르면 자신을 스스로 평가하고 진단하는 시간이 반드시 필요하다.
- 자기평가의 결과에 기초하여 추후 자신에게 부족한 점을 이론과 실제 교과목 수강을 통해 향상시킬 수 있고, 가능하다면 다양한 현장에서 여러 경험을 추가하여 성공적인 교사로서의 진로에 한걸음 더 나아갈 수 있다.

## 4 ▸ 보육실습 평가회

실습을 마친 후 보육실습평가회를 개최한다. 평가회 구성과 진행과정은 다음과 같다(한국보육진흥원, 2013: 79).

## 1) 보육실습 평가회

- 평가회는 실습생 모두가 한자리에 모여 실습기관의 환경과 시설 특성, 교육프로그램 운영의 특성, 보육실습 시 어려웠던 점, 보육실습 일지 작성, 보육실습 전·후의 변화, 보육실습 운영, 원장과 지도교사와의 인간관계, 동료 실습생과의 관계 등을 중점적으로 논의한다.
- 실습 평가회를 통해 어린이집 실습에 대한 구체적이고 실제적인 문제점을 찾아 보육실습을 개선하는 방안을 모색한다. 이때 실습생을 지도하였던 교사나 원장을 초대하여 보육실습기관의 측면에서 바라본 실습 평가 내용을 듣는 기회를 갖는 것도 바람직하다.

### (1) 실습 평가회를 진행할 때 주의할 점

- 보육실습 시 보육실습기관이나 실습지도교사의 잘못된 점을 논의하는 시간이 아님을 염두에 두고, 현장에서 이론을 접목한 점, 지도교사의 적절한 조언이나 평가, 현장에서 배울 점 등에 대해 실습생으로서 자신을 평가한다.
- 어떤 지속적인 개선 노력을 통해 보육교사로서의 전문성을 확보할 수 있는지 다각적인 해결방안에 중점을 두고 다른 학생과 열린 마음으로 의견을 나눈다.
- 6주 동안 진행된 보육실습의 내용에 중점을 두어 예비교사로서 성장할 수 있는 자신의 장점과 강점을 평가해 본다.
- 영유아를 상세히 관찰하고 직접 지도한 보육활동의 경험을 바탕으로 자신의 지도법을 회상하여 다른 학생들과 비교해 본다.

- 동료학생들의 실습일지를 서로 나누어 읽고 서로에게 조언을 주는 상호 보완적 평가의 시간을 갖는다.
- 실습에서 드러난 문제에 대해서는 개인적이나 지도교사와의 관계 차원에서 그 문제의 원인을 찾기보다는 다각적인 차원에서 원인과 해결책을 찾아보도록 한다. 즉, 자기 자신, 보육실습기관, 양성교육기관, 부모, 국가 정책이 이러한 문제에 대해 어떻게 해결책을 찾아야 하는가를 논의해 본다.

#### (2) 실습생의 자기평가

실습생들은 각 기관에서 지도교수와 원장이 최종 평가하여 그 결과를 통하여 자기 자신의 실습수행 능력에 대한 피드백을 받는다. 실습생은 실습의 과정과 결과를 다양한 방법으로 평가해 볼 수 있다.

- 보육실습 종료 후 보육실습 소감 기록
- 실습일지 상에서 매일의 자기평가 작성 기록
- 보육실습 자기평가 실시

### 2) 실습 평가회 및 최종 평가 반영

#### (1) 실습 평가회를 진행할 때 주의할 점

- 실습기관이나 지도교사의 잘못된 점을 논의하는 시간이 아님을 염두에 두고, 현장에서 이론을 접목한 점, 지도교사의 적절한 조언이나 평가, 현장에서 배울 점 등에 대해 실습생으로서 자신을 평가한다.

- 어떤 지속적인 개선 노력을 통해 교사로서의 전문성을 확보할 수 있는지 다각적인 해결 방안에 중점을 두고 다른 학생과 열린 마음으로 의견을 나눈다.
- 6주 동안 진행된 보육실습의 내용에 중점을 두어 예비교사로서 성장할 수 있는 자신의 장점과 강점을 평가해 본다.
- 영유아를 상세히 관찰하고 직접 지도한 교육활동의 경험을 바탕으로 자신의 지도법을 회상하여 다른 학생들과 비교해 본다.
- 동료학생들의 실습일지를 서로 나누어 읽고 서로에게 조언을 주는 상호 보완적 평가의 시간을 갖는다.
- 실습에서 드러난 문제에 대해서는 개인적이나 지도교사와의 관계 차원에서 그 문제의 원인을 찾기보다는 다각적인 차원에서 원인과 해결책을 찾아보도록 한다. 즉, 자기 자신, 보육실습기관, 대학, 부모, 국가 정책이 이러한 문제에 대해 어떻게 해결책을 찾아야 하는가를 논의해 본다.

## 5 ▸ 보육실습 최종 평가

대학이나 양성교육기관에서 보육실습기관과 동일한 평가기준을 사용할 수 있으나 다양한 평가 도구나 준거를 활용하여 종합적인 평가를 실시하는 것이 바람직하다. 대학은 실습생의 보육실습 결과를 최종적으로 평가한다(한국보육진흥원, 2013: 80).

## 1) 대학에서의 평가

### (1) 평가 내용

- 보육실습기관에서 송부된 보육실습평가서
- 작성이 완료된 보육실습일지
- 실습생이 제출한 각종 자료(포트폴리오, 사진자료, 교육계획안 등)
- 실습생의 자기평가표
- 지도교수와의 면담
- 실습 평가회 참여 정도

### (2) 실습생 평가내용 기준

대학은 보육실습기관에서 평가하여 송부한 보육실습 평가서와 실습기관 방문을 통해 확보한 원장과의 면담자료, 실습기관의 현황과 실태, 실습생의 관찰기록, 실습생이 작성 완료한 보육실습일지, 교육활동계획안, 교구제작 계획안, 사진자료 등과 같은 각종 자료 등에 근거하여 종합적으로 평가하여 보육실습기관에서 송부된 보육실습 평가표의 평가 내용에 대해서는 학생들과 함께 공유할 수 있다. 평가 총 점수보다는 영역별로 자신이 예상하는 실습평가 정도와 지도교사가 평가한 내용을 비교하여 보육실습 수행 정도를 구체적으로 파악할 수 있다.

#### ① 근무태도

지도교사가 일찍 출근하여 교직업무를 검토하여 수업에 임하는 것과 마찬가지로 일찍 출근하여 그날의 업무를 파악하고 지도교사를 돕는다. 특히 결석을 할 경우에는 사전 허락을 맡아야 하고 부득이한 사정이 생겼을 경우는 전화로 상황을 설명해야 한다. 부득이한 경우는 건강상 갑자기 출근할 수 없거나 가정에 특별한 일이 발생한 경우가 대부분이다. 결석을 할 경우에는 그 결석의 사유서를 제출하거나 관련 서류를 준비한다.

#### ② 일반자료

교사의 지도능력을 대상으로 한다. 영유아와의 상호작용, 영유아에 대한 관심 수준 그리고 영유아의 행동에 대하여 적극적으로 상호작용하는지 등을 평가한다.

#### ③ 교수 학습 지도 능력

다양한 수업을 통하여 교사의 역할을 수행할 때 활동 계획안 분석능력과 부분수업을 맡아 진행할 때의 교수학습태도와 그리고 교수매체 제작 능력과 함께 활용 능력도 포함한다.

#### ④ 연구조사활동

실습에 대한 호기심 수준, 교육 상황에 대한 의문과 반응 그리고 수업에 대한 자료준비의 책임감 등을 본다.

#### ⑤ 학급경영 및 사무처리 능력

교직업무를 수행하고자 할 때 문서처리 능력과 학급 운영에 필요한 관리 능력을 본다.

## 2) 실습생 평가 영역 및 배점

실습생에 대한 평가표는 5개 영역으로 구성되어 있고 각 영역별 평가 내용과 배점 기준의 예는 다음과 같다(보육사업안내 부록, 2020: 363).

| 평가영역 | 평가 항목 | | 배점 | 점수 |
|---|---|---|---|---|
| 근무 태도와 자질 (20점) | 근무사항 | 출석, 결석, 지각, 조퇴 등 | 5 | |
| | 태도 | 성실성, 근면성, 친절, 적극성, 복장 및 용모, 예절 | 5 | |
| | 자질 | 영유아 존중, 책임감, 인성, 열의 | 5 | |
| | 관계형성 | 실습지도교사와의 관계, 동료실습생과의 관계 | 5 | |
| 보육활동 계획과 실행 (30점) | 보육활동 계획 | 영역별, 반일 또는 일일교육활동 계획의 적합성과 교수매체 제작 능력 | 15 | |
| | 보육활동 실행 | 영역별, 반일 또는 일일교육활동의 효과적이고 적절한 실행 정도 | 15 | |
| 예비 보육교사로서 역할 수행 (30점) | 영유아 행동 및 놀이 관찰, 교육환경 관찰 | | 5 | |
| | 교육일과 진행 보조 및 일상생활지도 | | 10 | |
| | 영유아 상호작용과 놀이 참여 | | 15 | |
| 보육실습일지 작성 (10점) | 구체적이고 충실한 보육실습일지 작성과 일일자기평가 및 지도교사평가 반영 | | 10 | |
| 총평 (10점) | 실습기간 동안 예비교사로서의 향상 정도 | | 10 | |
| 총점 | | | 100 | |

# 보육실습 관련 서류 안내

## 1. 보육실습 전 서류 안내

- 학생은 실습할 어린이집을 신청서에 기록하여 학교에 제출한다.
- 신청서를 받은 학교 어린이집으로 '학생 실습 요청' 공문을 발송한다.
- 학생은 어린이집에 신상카드, 서약서, 보건증, 동의서를 제출하고 동의서(원장의 직인 받아 다시 가져옴), 지도교사 1급 자격증, 어린이집 인가서를 받아온다.
- 학생은 어린이집에서 받은 동의서, 지도교사 1급 자격증, 어린이집 인가서와 신상카드, 서약서(총 5장)를 담당자에게 제출한다.

※ 대학교의 경우 학과실에서 학생의 역할을 대행할 수 있다.

## 2. 그 밖의 참고 서류

※ 보건복지부·한국보육진흥원. 2020 부록 참조.

# 보육실습 신청서

## 보육실습생 신청서

| 학 생 정 보 | | | |
|---|---|---|---|
| 성 명 | | 학과 /학번 | |
| 보육실습 기간 | 년 월 일 ~ 년 월 일 (__주 ___시간) | | |
| 집 주 소 | | | |
| 핸드폰 | | 집/(직장) | 집 :<br>직장 : |
| e-mail 주소 | | | |

| 희망 보육실습기관 정보 | | |
|---|---|---|
| 보육관련 이수 교과목<br>(이수교과목을 모두 적으세요) | : 총 ( )개 과목 이수 | |
| 실습 희망 지역 | | |
| 보육실습 희망 기관유형 | ① 국공립어린이집 ( )<br>③ 법인·단체 등 어린이집 ( )<br>④ 직장어린이집 ( )<br>⑥ 협동어린이집 ( )<br>⑧ 방과후과정 운영 유치원 | ② 사회복지법인어린이집 ( )<br><br>⑤ 가정어린이집 ( )<br>⑦ 민간어린이집 ( ) |
| 기타 희망사항 | | |

# 보육실습 협조 공문

## ○○○ 대학교 ○○학과(○○보육교사교육원)

**수신자** ○○○ 어린이집 원장 (보육실습 지도 담당자)
**(경유)**
**제 목** 보육실습생 의뢰의 건

---

1. 귀 기관의 무궁한 발전을 기원합니다.
2. ○○○대학 ○○○학과 학생들이 귀 기관에서의 보육실습을 희망하여, 보육실습생을 의뢰하오니 보육실습에 대한 협조를 부탁드립니다.

   가. 보육실습 기간 : 20 년 ○○월 ○○일 ~ 20 년 ○○월 ○○일까지(____ 시간)
   나. 보육실습생 : (보육실습생 명단)

3. 또한, 어린이집지원시스템을 통한 보육실습생 등록·관리 안내 및 보육실습 확인서 회신을 다음과 같이 요청드립니다.

   가. 어린이집지원시스템 내 보육실습생관리 메뉴에 보육실습 내용 입력 후 출력
   나. 보육실습 확인서(직인 또는 서명 요망)는 20 . ○. ○. (요일)까지 회신

   별첨 : 보육실습 동의서 1부. 끝.

**○○○ 대학교 ○○○학과장(○○보육교사교육원장)** 직인

---

기안자 ○○○ 학과장 ○○○(보육교사교육원장 ○○○)
협조자
시행 보육 - (20 . 00. 00) 접수 - ( )
우 000-000 ○○시 ○○구 ○○동 ○○번지 ○○○대학교 / www.000.ac.kr
전화 (00)000-0000 전송 (00)000-0000 / 00000@0000000/ 공 개

# 보육실습생 동의서

## 보육실습생 동의서

| 학 생 정 보 | | | | | |
|---|---|---|---|---|---|
| 성 명 | | 학과 | | 학번 | |
| 보육실습 기간 | 20 년 월 일 ~ 20 년 월 일<br>(6주 연속 240시간) | | | | |
| 주 소 | (우편번호) | | | | |
| 개인 연락처 | | 이메일 | | | |

| 보 육 실 습 기 관 정 보 | | | |
|---|---|---|---|
| 보육실습<br>기관명 | (정원 : 명) | 원장 | |
| 기관주소 | (우편번호) | | |
| 전화번호 | | 팩스 | |
| 보육실습<br>지도교사 | | | |
| 위 학생이 본 기관에서 보육실습을 하는 것에 동의합니다.<br><br>200 년 월 일<br><br>보육실습기관 원장 : (서명 또는 인) | | | |

# 보육실습생 신상카드

## 보육실습생 신상카드

<table>
<tr><td>성 명</td><td colspan="2">(여, 남)</td><td rowspan="3">사 진</td></tr>
<tr><td>생년월일</td><td colspan="2"></td></tr>
<tr><td>소 속</td><td colspan="2"></td></tr>
<tr><td>주 소</td><td colspan="3"></td></tr>
<tr><td rowspan="3">연락처</td><td colspan="3">전화번호:</td></tr>
<tr><td colspan="3">본인 휴대폰:</td></tr>
<tr><td colspan="3">비상시 연락 휴대폰: (관계: )</td></tr>
<tr><td rowspan="3">학 력</td><td>. . ~ . .</td><td colspan="2"></td></tr>
<tr><td>. . ~ . .</td><td colspan="2"></td></tr>
<tr><td>. . ~ . .</td><td colspan="2"></td></tr>
<tr><td>보육관련<br>이수 교과목</td><td colspan="3"></td></tr>
<tr><td colspan="2">보육관련 경험(예: 캠프교사, 교회 내 유치부활동 등)</td><td colspan="2"></td></tr>
<tr><td colspan="4">위의 사항이 틀림없음을 확인합니다.<br><br>년 월 일<br><br>본인 서명 (인)<br><br>원 장 귀 하</td></tr>
<tr><td colspan="4">개인정보 수집·이용 동의</td></tr>
<tr><td colspan="4">보육실습생 관리를 위하여 '개인정보보호법'에 따라 개인정보 수집·이용에 대한 내용을 알려드리오니 동의하여 주시기 바랍니다.<br><br>[법률근거] 개인정보보호법 제15조 '개인정보의 수집·이용'에 관한 법률<br>[수집·이용 항목] 이름, 생년월일, 연락처(전화번호, 휴대폰번호), 이메일, 주소<br>[수집·이용 목적] 보육실습생 관리를 위한 목적으로 이용되며, 수집한 개인정보는 다른 목적으로 사용되지 않습니다.<br>[이용 및 보유기간] 보육실습이 종료되는 시점에 수집한 개인정보는 폐기됩니다.<br>[동의거부 및 불이익] 위의 개인정보 수집·이용에 관한 내용에 동의하지 않는 경우에는 보육실습이 불가합니다.<br><br>□ 동의함 □ 동의하지 않음<br>실 습 생: (인)</td></tr>
</table>

# 보육실습생 서약서

## 보육실습생 서약서

대학　　학과(학부)　　학년
(보육교사교육원)

상기 본인은 귀 어린이집의 보육실습생으로서 보육실습의 목적과 중요성을 충분히 이해하고 어린이집의 제반 규정을 성실히 준수하여 보육능력 향상에 최선을 다할 것을 서약합니다.

년　　월　　일

보육실습생:　　　　　　(인)

__________________ **어린이집 원장 귀하**

## 실습생 준수사항

1. 실습생의 모든 실습활동은 실습기관의 규정과 지시에 따른다.
2. 실습생으로 인하여 실습기관의 정상적인 활동에 장애가 되는 일이 없도록 세심한 주의가 있어야 한다.
3. 실습생은 항상 연구하는 자세와 배우는 자세로 매사에 적극적으로 임하며, 실습기관의 교육 목적과 교육방침을 이해하고, 이를 준수하여야 한다.
4. 어려운 일은 내가 먼저 처리한다는 자세와 항상 상냥한 마음과 표정을 간직한다.
5. 실습생의 복장, 언행, 그리고 태도는 학생신분으로서의 품위를 지켜야 한다.
6. 실습생은 결근, 지각, 조퇴를 엄금하며 부득이한 경우에는 사전에 지도교사와 협의하여 양해와 승인을 받아야 하며, 학과에도 통보해야 한다.
7. 실습생은 학교와 학과를 대표한다는 생각을 가지고 실습에 임해야 한다.
8. 실습 중에 협의 사항이 있을 경우에는 언제나 실습생 대표를 통하여 실습기관과 학과에 전달해야 한다.
9. 각종 기록 및 보고는 정확하게 하며 지도교사들의 지도·조언을 받는다.
10. 매일 매일의 자기평가를 통하여 교사로서의 부족한 점을 보완하고 인격함양에 힘쓴다.
11. 보육실습 이수자 평가기준은 영유아보육법에 의한 보육실습 세부기준에 따라 평가한다.

# 보육실습비 영수증

## 영 수 증

보육실습비: 일금 00만원정(₩ )

성 명: ____________________

소 속: ____________________

위 금액을 위 실습생의 보육실습비로 정히 영수함.

20 년 월 일

**○○○ 어린이집 원장** 직인

# 보육실습 기관현황

## 보육실습 기관현황

<table>
<tr><td>기관명</td><td colspan="3">○○○어린이집</td><td>유형</td><td colspan="3"></td><td>운영체</td><td colspan="4"></td></tr>
<tr><td>주 소</td><td colspan="12"></td></tr>
<tr><td>전화번호</td><td colspan="7"></td><td>원장명</td><td colspan="4"></td></tr>
<tr><td>설립이념</td><td colspan="12"></td></tr>
<tr><td>연 혁</td><td colspan="12"></td></tr>
<tr><td>기관특성</td><td colspan="12">특수보육서비스(장애아 전문·통합, 방과후, 야간연장, 24시간, 휴일 등)<br>기타 사항 : 평가등급/평가주기 시작일 또는 인증유효기간(　　　　　　　　)</td></tr>
<tr><td>연령별 반</td><td>0세</td><td>1세</td><td>2세</td><td>3세</td><td>4세</td><td>5세</td><td rowspan="3">기타 종사자 수</td><td rowspan="2">사무원</td><td rowspan="2">취사부</td><td rowspan="2">영양사</td><td rowspan="2">간호사</td><td rowspan="2">기타</td></tr>
<tr><td>원아수</td><td></td><td></td><td></td><td></td><td></td><td></td></tr>
<tr><td>교사수</td><td></td><td></td><td></td><td></td><td></td><td></td><td></td><td></td><td></td><td></td><td></td></tr>
</table>

## 보육실습반현황

| 반명 | 반 (만 　세) | 보육실습<br>지도교사명 | |
|---|---|---|---|
| 영유아 수 | 총 　명 (남아 　명/여아 　명) | 보육교사 수 | 명 |

# 보육실습생 출근부

## 보육실습생 출근부

| 학교명 :    학과명 :<br>보육교사교육원명 : | | 학번 : | 이름 : ○○○ |
|---|---|---|---|
| 보육실습 기관 | ○○○어린이집 ○세 ○○반 | 보육실습 지도교사 : ○○○ | |
| 보육실습 기간 | 20 . . ~ 20 . . (총 주간) | | |

| | 구 분 | ( )요일 | ( )요일 | ( )요일 | ( )요일 | ( )요일 |
|---|---|---|---|---|---|---|
| 1주 | 실습생 | ㊞ | ㊞ | ㊞ | ㊞ | ㊞ |
| | 지도교사 | ㊞ | ㊞ | ㊞ | ㊞ | ㊞ |
| | 날짜 | 월 일<br>: 부터 :<br>까지 | 월 일<br>: 부터 :<br>까지 | 월 일<br>: 부터 :<br>까지 | 월 일<br>: 부터 :<br>까지 | 월 일<br>: 부터 :<br>까지 |
| 2주 | 실습생 | ㊞ | ㊞ | ㊞ | ㊞ | ㊞ |
| | 지도교사 | ㊞ | ㊞ | ㊞ | ㊞ | ㊞ |
| | 날짜 | 월 일<br>: 부터 :<br>까지 | 월 일<br>: 부터 :<br>까지 | 월 일<br>: 부터 :<br>까지 | 월 일<br>: 부터 :<br>까지 | 월 일<br>: 부터 :<br>까지 |
| 3주 | 실습생 | ㊞ | ㊞ | ㊞ | ㊞ | ㊞ |
| | 지도교사 | ㊞ | ㊞ | ㊞ | ㊞ | ㊞ |
| | 날짜 | 월 일<br>: 부터 :<br>까지 | 월 일<br>: 부터 :<br>까지 | 월 일<br>: 부터 :<br>까지 | 월 일<br>: 부터 :<br>까지 | 월 일<br>: 부터 :<br>까지 |
| 4주 | 실습생 | ㊞ | ㊞ | ㊞ | ㊞ | ㊞ |
| | 지도교사 | ㊞ | ㊞ | ㊞ | ㊞ | ㊞ |
| | 날짜 | 월 일<br>: 부터 :<br>까지 | 월 일<br>: 부터 :<br>까지 | 월 일<br>: 부터 :<br>까지 | 월 일<br>: 부터 :<br>까지 | 월 일<br>: 부터 :<br>까지 |
| 5주 | 실습생 | ㊞ | ㊞ | ㊞ | ㊞ | ㊞ |
| | 지도교사 | ㊞ | ㊞ | ㊞ | ㊞ | ㊞ |
| | 날짜 | 월 일<br>: 부터 :<br>까지 | 월 일<br>: 부터 :<br>까지 | 월 일<br>: 부터 :<br>까지 | 월 일<br>: 부터 :<br>까지 | 월 일<br>: 부터 :<br>까지 |
| 6주 | 실습생 | ㊞ | ㊞ | ㊞ | ㊞ | ㊞ |
| | 지도교사 | ㊞ | ㊞ | ㊞ | ㊞ | ㊞ |
| | 날짜 | 월 일<br>: 부터 :<br>까지 | 월 일<br>: 부터 :<br>까지 | 월 일<br>: 부터 :<br>까지 | 월 일<br>: 부터 :<br>까지 | 월 일<br>: 부터 :<br>까지 |

* 결석·지각·조퇴는 불가하며, 불가피할 경우 위의 기재된 보육실습 기간 중 법적 이수 시간(240시간)을 채운다.

# 보육실습일지

▸ 보육실습일지 예시 1

<table>
<tr><td colspan="3">○세 ○○반 보육실습일지</td><td>실습생</td><td>지도교사</td><td>원장</td></tr>
<tr><td colspan="2">날 짜</td><td>년 월 일( ) 날씨:</td><td></td><td>㊞</td><td>㊞</td></tr>
<tr><td colspan="2">교사의 기대 혹은<br>영유아의<br>흥미와 관심</td><td colspan="4"></td></tr>
<tr><td colspan="2">일과(시간)</td><td colspan="4">계획 및 실행</td></tr>
<tr><td rowspan="4">일<br>상<br>생<br>활</td><td>간식<br>( : ~ : )<br>( : ~ : )</td><td colspan="4"></td></tr>
<tr><td>점심시간<br>( : ~ : )</td><td colspan="4"></td></tr>
<tr><td></td><td colspan="4"></td></tr>
<tr><td>낮잠 및 휴식<br>( : ~ : )</td><td colspan="4"></td></tr>
<tr><td rowspan="2">놀<br>이<br>및<br>활<br>동</td><td>실내놀이<br>( : ~ : )<br>( : ~ : )</td><td colspan="4"></td></tr>
<tr><td>바깥놀이<br>(대체)<br>( : ~ : )<br>( : ~ : )</td><td colspan="4"></td></tr>
<tr><td colspan="2">평가 및<br>다음날 지원계획<br>/유의점</td><td colspan="4"></td></tr>
<tr><td colspan="2">지도교사 조언 및<br>평가</td><td colspan="4"></td></tr>
</table>

▸ 보육실습일지 예시 2

<table>
<tr><td colspan="5">○세 ○○반 보육실습일지</td></tr>
<tr><td>날 짜</td><td>년 월 일( ) 날씨:</td><td>실습생</td><td>지도교사</td><td>원장</td></tr>
<tr><td>교사의 기대 혹은<br>영유아의<br>흥미와 관심</td><td></td><td></td><td></td><td></td></tr>
<tr><td>일과(시간)</td><td>계획 및 실행</td><td colspan="3">평가 및 지원계획/유의점</td></tr>
<tr><td>등원 및 통합보육<br>( : ~ : )</td><td></td><td colspan="3"></td></tr>
<tr><td>오전간식<br>( : ~ : )</td><td></td><td colspan="3"></td></tr>
<tr><td rowspan="3">오전 실내놀이<br>및 활동<br>( : ~ : )</td><td></td><td colspan="3"></td></tr>
<tr><td></td><td colspan="3"></td></tr>
<tr><td></td><td colspan="3"></td></tr>
<tr><td>바깥놀이(대체)<br>( : ~ : )</td><td></td><td colspan="3"></td></tr>
<tr><td>점심식사<br>( : ~ : )</td><td></td><td colspan="3" rowspan="4"></td></tr>
<tr><td></td><td></td></tr>
<tr><td></td><td></td></tr>
<tr><td></td><td></td></tr>
<tr><td>귀가 및 통합보육<br>( : ~ : )</td><td></td><td colspan="3"></td></tr>
<tr><td>지도교사 조언 및<br>평가</td><td></td><td colspan="3"></td></tr>
</table>

# 놀이영역별 보육활동계획안

<table>
<tr><td rowspan="2">제출일</td><td rowspan="2">년 ○월 ○일 ○요일</td><td rowspan="2">결재</td><td>실습생</td><td>지도교사</td><td>원장</td></tr>
<tr><td>㊞</td><td>㊞</td><td>㊞</td></tr>
<tr><td>실습생</td><td></td><td>지도교사</td><td colspan="3"></td></tr>
<tr><td>반 명</td><td></td><td>일 시</td><td colspan="3"></td></tr>
<tr><td>주 제</td><td></td><td>소주제</td><td colspan="3"></td></tr>
<tr><td>활동명</td><td></td><td>흥미영역/<br>활동유형</td><td colspan="3"></td></tr>
<tr><td>활동목표<br>(표준보육과정<br>관련요소)</td><td colspan="5">* 각 목표의 표준보육과정의 영역 > 내용범주 > 내용 > 세부내용과 관련성을 제시</td></tr>
<tr><td>활동자료</td><td colspan="5"></td></tr>
<tr><td>활동방법</td><td colspan="5"></td></tr>
<tr><td>확장활동</td><td colspan="5"></td></tr>
<tr><td>유의사항</td><td colspan="5"></td></tr>
<tr><td>계획안에 대한<br>지도교사 조언</td><td colspan="5"></td></tr>
<tr><td>실행 후 실습생 평가</td><td colspan="5"></td></tr>
</table>

# 반일(일일) 보육활동계획안 예시

<table>
<tr><td rowspan="2">제출일</td><td rowspan="2">년 월 일 요일</td><td rowspan="2">결재</td><td>실습생</td><td>지도교사</td><td>원장</td></tr>
<tr><td>㊞</td><td>㊞</td><td>㊞</td></tr>
<tr><td>반 명</td><td></td><td>일시</td><td colspan="3">년 월 일 요일</td></tr>
<tr><td>날 씨</td><td></td><td>결석<br>영유아</td><td colspan="3"></td></tr>
<tr><td>주 제</td><td></td><td>소주제</td><td colspan="3"></td></tr>
<tr><td>시간 및 일과</td><td colspan="3">활동계획 및 실행</td><td colspan="2">평가 및 유의점</td></tr>
<tr><td></td><td colspan="3"></td><td colspan="2"></td></tr>
<tr><td>유의사항</td><td colspan="5"></td></tr>
<tr><td>계획안에 대한<br>지도교사 조언</td><td colspan="5"></td></tr>
<tr><td>실행 후<br>실습생 평가</td><td colspan="5"></td></tr>
</table>

# 보육실습 기관 방문 결과보고서

## 보육실습 기관 방문 결과보고서

1. 보육실습기관 현황

| 기 관 명 | | 반수/교사수 | |
|---|---|---|---|
| 전화번호 | | 주 소 | |

2. 방문일자 : 20 년 월 일 (오전.오후)

3. 보육실습자 명단 :
   (학번)

4. 방 문 내 용 :

| |
|---|
| |

20 년 월 일

방 문 지 도 교 수 성 명 : (인)

# 보육실습생 자기 평가표

## 보육실습생 자기 평가표

보육실습생 성명:

| 번호 | 평 가 항 목 | 못함 | | | | 잘함 |
|---|---|---|---|---|---|---|
| 1 | 보육목표를 달성할 수 있는 보육내용을 영유아의 흥미, 수준에 근거하여 적합하게 선정하였는가? | 1 | 2 | 3 | 4 | 5 |
| 2 | 영유아의 흥미와 능력, 사전경험을 잘 관찰하여 영유아 지도계획에 활용하였는가? | | | | | |
| 3 | 보육활동계획안이 적절하게 계획되고 성실하게 준비되어 실행에 무리가 없었는가? | | | | | |
| 4 | 보육 활동계획에 따라 자료를 충실히 준비하였는가? | | | | | |
| 5 | 영유아의 행동을 민감하게 파악하며 상호작용에 최선을 다했는가? | | | | | |
| 6 | 다양한 흥미영역에 고루 참여하여 영유아의 놀이가 지속되고, 확장되도록 놀이를 촉진하였는가? | | | | | |
| 7 | 영유아의 기본생활습관이 형성되도록 동기를 잘 유발하였는가? | | | | | |
| 8 | 대소집단 활동 시 보육교사로서 다양한 교수법을 활용하여 효과적으로 활동을 이끌었는가? | | | | | |
| 9 | 영유아의 부정적 정서나 갈등적 상황을 잘 파악하여 긍정적으로 수용하고 적절하게 해결되도록 지도하였는가? | | | | | |
| 10 | 영유아의 개별적 특성, 개인차를 고려하여 지도를 하였는가? | | | | | |
| 11 | 영유아를 존중하는 언어를 사용하고, 영유아가 잘 알아들을 수 있도록 어휘, 발음, 음성의 고저, 빠르기 등에 노력을 기울였는가? | | | | | |
| 12 | 보육실습일지의 내용과 평가 등을 성실히 기록하였는가? | | | | | |
| 13 | 영유아의 안전, 위생, 건강에 각별히 신경을 썼는가? | | | | | |
| 14 | 영유아의 낮잠, 간식, 점심, 배변활동, 이닦기, 손닦기, 옷입기 등 일상생활이 영유아 스스로 즐겁게 할 수 있도록 지도하였는가? | | | | | |
| 15 | 보육실의 통풍, 채광, 정리정돈 등 청결한 환경을 위해 노력하였는가? | | | | | |
| 16 | 보육실습 기관의 지도 방침에 적극 협력하였는가? | | | | | |
| 17 | 보육실습 지도교사와의 관계를 원만히 유지하며 성실히 임했는가? | | | | | |
| 18 | 보육실습 동료들과 잘 협력하였는가? | | | | | |
| 19 | 영유아의 수준과 흥미에 적합한 활동을 계획하고 다양한 행동을 적절히 지도하고자 관련 문헌이나 전문 서적을 찾아보고자 노력하였는가? | | | | | |
| 20 | 실습기간을 통해 보육교사로서의 전문성이 스스로 향상되었다고 여겨지는가? | | | | | |
| | 합 계 | | | | | |

# 보육실습 평가표

## 보육실습 평가표

성 명 :
생년월일 :
보육실습기관명 :
보육실습 기간 : 20 년 월 일 ~ 20 년 월 일

| 평가영역<br>(배점) | 평가항목 | | 배점 | 점수 |
|---|---|---|---|---|
| 근무태도와 자질<br>(20점) | 근무사항 | 출석, 결석, 지각, 조퇴 등 | 5 | |
| | 태도 | 성실성, 근면성, 친절, 적극성, 복장 및 용모, 예절 | 5 | |
| | 자질 | 영유아 존중, 책임감, 인성, 열의 | 5 | |
| | 관계형성 | 실습지도교사와의 관계<br>동료실습생과의 관계 | 5 | |
| 보육활동<br>계획과 실행<br>(30점) | 보육활동<br>계획 | 영역별, 반일(일일)보육활동 계획의 적합성과 충실한 준비 | 15 | |
| | 보육활동<br>실행 | 영역별, 반일(일일)보육활동의 효과적이고 적절한 실행 정도 | 15 | |
| 예비보육<br>교사로서<br>역할수행<br>(30점) | 영유아 행동 및 놀이 관찰, 보육환경 관찰 | | 5 | |
| | 보육일과 진행 보조와 일상생활지도 | | 10 | |
| | 영유아 상호작용과 놀이 참여 | | 15 | |
| 보육실습일지<br>작성(10점) | 구체적이고 충실한 보육실습일지 작성과<br>일일자기평가 및 지도교사 평가 반영 | | 10 | |
| 총평(10점) | 실습기간동안 예비보육교사로서 향상 정도 | | 10 | |
| 총 점 | | | 100 | |

20 년 월 일

보육실습 지도교사: (인)
어린이집 원 장: (인)

※ 상기란은 실습생의 개인평가입니다. 실습기관에서는 보육실습 결과보고서와 보육실습 평가표를 실습 수료 후에 밀봉하여 실습생에게 전해 주시면 감사하겠습니다.

# 보육실습 확인서

## 보육실습 확인서

1. 실습 이수자 기본사항

| 이 름 | 생년월일 | 양성교육기관명 |
|---|---|---|
| | | |

2. 실습기관

<table>
<tr><td colspan="2">실습기관명</td><td></td><td>기관종류</td><td></td></tr>
<tr><td colspan="2">실습기관 인가 정원</td><td></td><td>최초인가일</td><td>년 월 일</td></tr>
<tr><td rowspan="2">구분</td><td>평가제</td><td></td><td>평가 등급<br>(평가 주기 시작일)</td><td>년 월 일</td></tr>
<tr><td>평가인증제</td><td></td><td>인증유효기간</td><td>년 월 일 ~<br>년 월 일</td></tr>
<tr><td colspan="2">주소</td><td></td><td>연락처</td><td></td></tr>
</table>

* 어린이집은 운영형태(가정, 민간, 직장, 국공립 등) 기재, 유치원은 방과후과정 운영 여부 기재

3. 실습 지도교사

<table>
<tr><td>이 름</td><td>생년월일</td><td>양성교육기관명</td></tr>
<tr><td></td><td></td><td></td></tr>
<tr><td colspan="3">* 실습 지도교사는 동일 실습기간 내, 보육실습생을 3명 이내로 지도하였습니까? (예 □/아니오 □)</td></tr>
</table>

4. 실습 기간

| 실습기간 | 년 월 일 ~ 년 월 일( 주간) |
|---|---|
| 실습시간 | 총 시간(매주 월요일 ~ 금요일까지, 오전 시 ~ 오후 시) |

위 사람은 영유아보육법 시행규칙 제12조제1항에 따른 보육실습 기준을 준수하여 보육실습을 충실히 이수하였음을 확인합니다.

년 월 일

어린이집의 원장: (서명 또는 인)

학과장: (서명 또는 인)

○'13. 3. 1. 이후 어린이집에서 보육실습을 이수하는 경우, 「어린이집지원시스템」을 통하여 보육실습 내용 등록 및 제출

○보육실습 내용 시스템 미등록자는 첨부서류(① 실습기관 인가증 사본 ② 보육실습 지도교사 자격증 사본) 제출 필수

※ 영유아보육법 제48조에 따라 거짓이나 그 밖의 부정한 방법으로 자격증을 취득한 경우, 보육교직원 자격이 취소될 수 있습니다.

〈보육실습확인서 작성 방법〉

| 구분 | 작성 방법 |
|---|---|
| 실습 이수자 기본사항 | 보육실습 이수자의 기본정보를 빠짐 없이 기재합니다.<br>양성교육기관명에는 재학 중인 대학 또는 교육기관명을 기재합니다. |
| 실습기관 | 2017. 1. 1. 이후 보육실습 이수자는 어린이집 평가 관련 사항을 반드시 기재합니다.(단, 2016.12월 말까지 보육실습 이수자는 평가 관련 사항 제외)<br>가. 실습기관명: 보육실습을 이수한 어린이집 또는 유치원명을 기재합니다.<br>나. 기관종류: 어린이집은 운영형태(민간, 가정, 직장, 국공립 등), 유치원은 방과후 과정 운영 여부를 기재합니다.<br>다. 실습기관 인가정원: 보육실습 시작일 기준으로 실습어린이집이 인가받은 정원을 기재합니다.<br>라. 최초인가일: 실습 어린이집의 최초 인가 일자를 기재합니다.<br>마. 구분: 보육실습 시작일 기준으로 실습기관이 평가제를 받은 어린이집인 경우 '평가제'에 체크, 종전규정에 따라 평가인증을 받은 어린이집인 경우 '평가인증제'에 체크합니다.(유치원은 해당하지 않음)<br>바. 평가 등급: 보육실습 시작일 기준으로 어린이집의 평가제 결과 등급(예: A, B)을 기재합니다.(유치원은 해당하지 않음)<br>* 평가 주기 시작일: 보육실습 시작일 기준으로 어린이집이 받은 평가등급의 주기 시작 일자를 기재합니다.(유치원은 해당하지 않음)<br>사. 인증 유효기간: 보육실습 시작일 기준으로 종전 규정에 따라 평가인증을 받은 어린이집의 인증 유효기간을 기재합니다.<br>아. 주소: 실습기관의 주소지를 기재합니다.<br>자. 연락처: 실습기관의 연락처를 기재합니다. |
| 실습 지도교사 | 가. 2007년 이후 보육실습 이수자부터는 실습 지도교사의 이름, 자격 종류(보육교사 1급 또는 유치원 정교사 1급 중 택1), 자격번호를 기재합니다.<br>나. 2013년 3월 1일 이후 보육실습 이수자부터는 실습 지도교사가 동일한 실습 지도기간 내에 실습생을 3명 이내로 지도하였는지 체크합니다. |
| 실습 기간 | 가. 총 시간: 1일 실습 시간에 실습 일수를 곱한 시간을 기재합니다.<br>(예: 8시간(1일 실습 시간) X 30일(실습일수) = 240시간)<br>나. 오전 9시~오후 7시 사이의 시간을 입력합니다(하루 실습 시간은 8시간 기준). |
| 직인 | 보육실습확인서 1장에 어린이집 원장, 학과장 직인을 모두 날인해야 합니다.<br>※ 교육기관별(대학, 보육교사교육원, 평생교육원) 학과장 직인 날인 방법<br>• 대학: 보육실습 교과목이 개설된 학과의 학과장 직인 날인<br>• 보육교사교육원: 보육교사교육원장 직인 날인<br>• 평생교육원: 평생교육원장 직인 날인 |

# 자격증 발급 신청서

■ 영유아보육법 시행규칙 [별지 제11호서식] 〈개정 2015.1.28.〉

[ ] 어린이집의 원장 / [ ] 보육교사　자격증　[ ] 발급 / [ ] 재발급　신청서

| 접수번호 | 접수일 | 처리기간 14일 |
|---|---|---|

| | | | |
|---|---|---|---|
| 신청인 | 성명 | 주민등록번호 | 사진(3cm×4cm) |
| | 주소 | | |
| | 전화번호(휴대전화) | 전자우편 | |
| 자격 종류 | 어린이집 원장<br>[ ] 일반　[ ] 40명 미만　[ ] 가정　[ ] 영아 전담　[ ] 장애아 전문 | | |
| | 보육교사<br>[ ] 1급　[ ] 2급　[ ] 3급 | | |

※ 학력, 근무경력 및 보수교육란은 발급 신청 시에만 작성합니다.

| 학력 | 부터 | 까지 | 최종학교명<br>(교육훈련시설명) | 전공 또는<br>부전공 학과목 | 학위등록번호<br>(수료증번호) |
|---|---|---|---|---|---|
| | . . . | . . . | | | |
| | . . . | . . . | | | |

| 근무 경력 | 부터 | 까지 | 근무 어린이집 명칭 | 자격 구분(등급) | 발령자 |
|---|---|---|---|---|---|
| | . . . | . . . | | | |
| | . . . | . . . | | | |
| | . . . | . . . | | | |

| 보수 교육 | 부터 | 까지 | 교육훈련기관 | 교육훈련 내용(직무교육, 승급교육) |
|---|---|---|---|---|
| | . . . | . . . | | |
| | . . . | . . . | | |

재발급 신청사유(재발급 신청 시에만 작성합니다)

「영유아보육법」 제22조 및 같은 법 시행규칙 제18조에 따라 위와 같이([ ] 어린이집의 원장, [ ] 보육교사) 자격증 (재)발급을 신청합니다.

년　　월　　일

신청인　　　　　　　　　　　　　　(서명 또는 인)

귀하

| | | |
|---|---|---|
| 발급 신청 시 첨부서류 | 1. 공통: 사진(6개월 이내에 촬영한 탈모 정면 상반신 반명함판) 1장<br>2. 어린이집의 원장 자격증 발급신청자: 자격증 사본, 경력증명서, 졸업증명서, 성적증명서, 사전직무교육 수료증 등 자격을 증명할 수 있는 서류<br>3. 보육교사 자격증 발급신청자: 대학 또는 이와 같은 수준 이상의 학교의 졸업증명서·성적증명서 및 보육실습확인서(다만, 보육실습확인서는 1998년 3월 이후 졸업한 해당자만 한정합니다), 교육훈련시설 수료증(해당자만 첨부합니다), 보수교육 수료증(승급자만 해당합니다), 경력증명서 등 자격을 증명할 수 있는 서류 | 수수료<br>10,000원 |
| 재발급 신청 시 첨부서류 | 1. 자격증(훼손된 경우만 해당합니다)<br>2. 사진(6개월 이내에 촬영한 탈모정면 상반신 반명함판) 1장 | |

210mm×297mm[백상지 80g/m²(재활용품)]

# 참고문헌


교육과학기술부(2011). 3-5세 연령별 누리과정 교사용 지도서. 서울: 교육과학기술부.

김정규·이광자·조정숙·한애향(2014). 교과교재 연구 및 지도법. 경기: 정민사.

김정원·심은희·이경화·이연규·장은주·전선옥·조순옥·조화연·최일선(2013). [제2판] 보육학개론. 경기: 양서원.

김희진·박은혜·이지현(2011). 영유아교육기관에서의 관찰. 서울: 창지사.

나종혜·김상림·김송이·신나리·권연희(2014). 보육학개론. 경기: 양서원.

박영신·박은주·석은조·신은정·오성숙(2015). 영유아교육과정. 서울: 창지사.

박은혜·조운주(2013). (반성적 실천을 위한) 유아교육실습. 서울: 창지사.

보건복지부·육아정책연구소(2016). 보육교사 양성과정 및 보육실습 매뉴얼 연구. (이미화·강은진·김은영·김길숙·엄지원 공저).

보건복지부·한국보육진흥원(2020). 보육교사 2급 자격취득 교과목 표준교과개요.(재)한국보육진흥원.

보건복지부(2012). 5세 누리과정에 기초한 어린이집 프로그램 3권. 보건복지부.

보건복지부(2013a). 어린이집 표준보육과정에 기초한 영아보육프로그램 0세 2권. 보건복지부.

보건복지부(2013b). 어린이집 표준보육과정에 기초한 영아보육프로그램 1세 1권. 보건복지부.

보건복지부(2013c). 어린이집 표준보육과정에 기초한 영아보육프로그램 2세 3권. 보건복지부.

보건복지부(2013d). 3세 누리과정 교사용 지도서 3권. 보건복지부.

보건복지부(2013e). 4세 누리과정 교사용 지도서 5권. 보건복지부.

보건복지부(2020). 「2020년도 보육사업안내」. 보건복지부.

보건복지부, 중앙육아종합지원센터(2020). 2019 개정 누리과정. 보육일지 개선 방향 및 일지양식 예시.

서명원(2017). 영유아 생활지도 – 영유아 부적응 행동지도 중심으로. 경기: 양서원.

서영숙·서혜전·정영희·양영아·안소영·이종현·남미선(2013). 보육과정[제3판]. 경기: 공동체.

송연숙·박영옥(2015). 유치원 교육실습 운영 실제 및 실습제도 개선에 대한 실습지도 교사의 인식 및 요구. 생태유아교육학회. 14(3). 219-242.

순덕기(2013). 보육실습. 서울: 퍼시픽북스.

안선희·문혁준·김양은·김영심·안효진·이경옥·신혜원(2015). (개정)아동관찰 및 행동연구. 서울: 창지사.

이경화·김동춘(2013). 유아교육개론. 경기: 양서원.

이대균·김경화·송정원·송경섭(2013). [제3판] 보육과정. 경기: 양서원.

이현순(2010). 유아교육실습의 실제. 경기: 양서원.

임미혜·장미아·신혜영(2010). (쉽게 풀어 쓴) 유아교육과정. 경기: 양서원.

한국보육진흥원(2013). 양성교육기관에서의 보육실습 지도. (재)한국보육진흥원.

한국보육진흥원(2019). 어린이집 장기미종사자 교육과정. 경기: 양성원.

황해익·최혜진·정혜영·권유선(2014). 아동관찰 및 행동연구. 경기: 공동체.

# 참고문헌

Caruso, J. J.(2000). Cooperating teacher and student teacher phases of development. *Young Children, 55*(1), 75-81.

Harford, J., & Gerry MacRuarc, G.(2008). Engaging student teachers in meaningful reflective practice. *Teaching and Teacher Education, 24,* 1884-1892.

Perry, N. E., Hutchinson, L., & Thauberger, C.(2008). Talking about teaching self-regulated learning Scaffolding teacher's development and use of practices that promote self-regulated learning. *International Journal of Educational Research, 47,* 97-108.

## 저자소개


■ **한혜경**

동국대학교 교육학 석사(유아교육심리전공)
동국대학교 교육학 박사(유아교육심리전공)
**현** 경동대학교 유아교육과 교수
경동대학교 부속유치원 원장
경동대학교 부설 보육교사 교육원 주임교수
클로버 부모교육 강사(보건복지부)
심리상담 전문가(한국상담심리사협회)

■ **박부숙**

동국대학교 교육학 석사(유아교육예술전공)
동국대학교 교육학 박사(유아교육예술전공)
**현** 페르가나 한국국제대학교 유아교육과 학과장
참재미 교육연구소 소장
**전** 동국대학교 객원교수
문경대학교 초빙교수
숭의여자대학교 겸임교수
육아종합지원센터 전문상담사(문경시)
참재미 안산어린이집 원장

■ **백지숙**

동국대학교 행정학 석사(사회복지전공)
동국대학교 교육학 박사(유아교육심리전공)
**현** 동국대학교 교육대학원 유아교육과 겸임교수
보육교사장기미종사직무교육강사(보건복지부)
한국포괄영유아 · 아동교육지원학회 이사
세대통합복지문화교육협회 이사
**전** 동국대학교 불교아동보육학과 겸임교수
숭의여자대학교 유아교육과 겸임교수
보육정책위원회 심의위원(중구)
연화아동상담센터 팀장

■ **박윤조**

성균관대학교 보육학 석사
성균관대학교 인재개발학 박사(아동심리 · 발달전공)
**현** 여주대학교 심리재활치료과 조교수
성균관대학교 대학원 겸임교수(소셜이노베이션융합전공)
보육정책위원회 위원장(여주시)
육아종합지원센터 운영위원(용인시)
한국포괄영유아 · 아동교육지원학회 이사
**전** 신세계인터내셔날 직장어린이집 원장
육아종합지원센터 센터장(송파구)
성균관대학교 아동청소년발달증진센터 팀장

보육교사를 위한
**6주 보육실습 개정판**

초　판 1쇄 발행 / 2017년 2월 28일
초　판 2쇄 발행 / 2019년 2월 10일
개정판 1쇄 발행 / 2021년 8월 25일

공저자 / 한혜경 · 박부숙 · 백지숙 · 박윤조
발행인 / 이　중　수
발행처 / 동　문　사

서울특별시 서대문구 홍제원 1길 12
(홍제동 137-8)
Tel : 02)736-3718(대), 736-3710, 3720
Fax : 02)736-3719
등록번호 : 제9-17호
등록일자 : 1974년 4월 27일
가격 : 12,000원

ISBN : 979-11-6328-339-3(93370)
E-mail : dong736@naver.com
Homepage : www.dongmunsa.com

저자와의 합의하에 인지는 생략합니다.